Hegerl/Niescken
**Depressionen bewältigen –
die Lebensfreude wiederfinden**

»Ein seit Monaten depressiv Erkrankter taucht wie aus einem langen, kalten Winter auf, nimmt die Farben und die Wärme um ihn herum wieder wahr ... Das ist für mich und unser gesamtes Behandlungsteam immer wieder ein bewegender Moment! Das motiviert uns stets wieder in unserer Arbeit«, resümiert Prof. Dr. Ulrich Hegerl – Direktor der Universitätsklinik und Poliklinik für Psychiatrie und Psychotherapie in Leipzig. Er ist einer der führenden Experten auf dem Fachgebiet Depression in Deutschland, Vorsitzender der Stiftung Deutsche Depressionshilfe und leitet mehrere europäische Projekte zur besseren Versorgung depressiv Erkrankter. Seit ca. 25 Jahren sagt er Depressionen den Kampf an und ermutigt Betroffene, die krankheitsbedingte Isolation zu überwinden und die guten Behandlungsmöglichkeiten zu nutzen.

Die Wissenschaftsjournalistin Svenja Niescken hat Journalistik und Psychologie studiert und verbindet so zwei schöne wie ebenso anstrengende Berufe. Um vom Job abzuschalten, versucht sie regelmäßig zu meditieren und zu joggen. Außerdem achtet sie wenn möglich auf Abwechslung im Berufsalltag. »Die Aufbereitung wissenschaftlicher Themen für das Internet sowie die Weitergabe fundierter Informationen und konkreter Handlungsmöglichkeiten zum Thema ›gesunde Führung‹ an Fach- und Führungskräfte im Rahmen des betrieblichen Gesundheitsmanagements sind für mich eine spannende Aufgabe, die mich immer wieder herausfordert und zufrieden stimmt.« Die mehrfache Auszeichnung ihres Projekts »Universitäre Aufklärung Depression« war eine Belohnung für ihr Engagement und weiterer Ansporn für ihre Mitarbeit an verschiedenen Sachbüchern über psychische Gesundheit.

Danksagung

Die Autoren bedanken sich für die vielen konstruktiven Anregungen und kritischen Anmerkungen bei Eva Hegerl, Dr. David Althaus, Dr. Carsten Zoll, Patricia Gerards, Elfriede Irlbeck, Holger Reiners, Dr. Tim Pfeiffer und Sibylle Duelli.

Univ.-Prof. Dr. med. Ulrich Hegerl
Svenja Niescken

Depressionen bewältigen

Die Lebensfreude wiederfinden

Inhalt

6 Vorwort von Harald Schmidt
8 Liebe Leserin, lieber Leser

Depression verstehen
11 **Die vielen Gesichter einer Depression**
11 Typische Symptome
13 Unterschiedliche Syndrome
16 Nur verstimmt oder schon depressiv?
18 Wie wird eine Depression festgestellt?
19 Modediagnose Burnout
24 **Wie verläuft die Erkrankung? Wer ist betroffen?**
24 Wie verlaufen Depressionen?
28 Sind Frauen häufiger depressiv?
30 Im Alter werden Depressionen oft verkannt
31 Wenn Kinder nicht mehr leben wollen
33 Winterdepression
34 **Begleitende Erkrankungen und Suizidalität**
34 Körperliche Beschwerden
35 Zusätzliche körperliche Erkrankungen
38 Begleitende psychische Erkrankungen
39 Dunkler Begleiter: Suizidalität
43 **Warum habe ich eine Depression?**
43 Körper und Seele sind beteiligt
44 Was passiert im Gehirn?
48 Können Depressionen vererbt werden?
50 Macht Stress depressiv?
52 Auslöser: kritische Lebensereignisse

Therapie: Wege aus der Depression
55 **Erster Schritt: Hilfe suchen**
55 Wichtiges für Ihren Arztbesuch
56 Erster Anlaufstelle: Hausarzt
56 Behandlung beim Facharzt
57 Psychologischer Psychotherapeut
62 Ambulante Therapie oder Klinik?
63 Bausteine der Depressionsbehandlung

Innerlich wie versteinert

65 **Welche Medikamente Ihnen helfen**
65 Antidepressiva: wie und wann sie wirken
69 Tri- und tetrazyklische Antidepressiva
71 Serotonin-Wiederaufnahme-Hemmer
73 Weitere und neuere Antidepressiva
74 Natürliches Antidepressivum: Johanniskraut
75 Das passende Antidepressivum finden
77 Praktische Anwendung der Antidepressiva
82 Weitere Medikamente
83 Rückfallverhütung mit Medikamenten
86 Medikamente plus Psychotherapie?
87 **Psychotherapie**
87 Wie wirksam ist Psychotherapie?
90 Wer trägt die Kosten?
91 Wirksam: kognitive Verhaltenstherapie
99 Psychoanalyse: nicht die 1. Wahl bei Depression
101 Kürzere psychodynamische Therapien
102 Spezielle Psychotherapieverfahren
105 Das Beziehungssystem in den Blick nehmen
106 Gesprächspsychotherapie

INHALT

Gezielt unterstützt

Das Leben wieder spüren

107 Psychotherapie schützt vor Rückfällen
111 **Weitere Behandlungsansätze**
111 Therapeutischer Schlafentzug
114 Elektrokrampftherapie
116 Transkranielle Magnetstimulation
117 Lichttherapie
117 Schulmedizin oder alternative Heilmethoden?

119 **Selbsthilfe: (wieder) aktiv werden!**
120 **Ideen und Unterstützung für Betroffene**

120 Selbsthilfegruppen – Sie sind nicht allein
121 Hilfe und Unterstützung aus dem Internet
124 Was bieten Onlineforen?
126 Therapie und Selbstmanagement im Internet
128 Treiben Sie Sport
129 Den Alltag besser bewältigen
130 Schlafstörungen bekämpfen
132 Ernährung bei Depressionen
136 **Informationen und Hilfe für Angehörige**
136 Die Depression ist für alle belastend
137 Was Angehörige oder Freunde tun können
139 **Depressionen am Arbeitsplatz**
139 Fakten zum Thema
141 Was müssen Arbeitgeber und Kollegen wissen?
143 **Service**
146 **Glossar**
148 **Register**

IHRE HILFE-TOOLS

22 Selbsttest: Bin ich depressiv?
41 Ihr Notfallplan in Krisensituationen
96 Depressive Denkmuster bekämpfen
109 Was ist Achtsamkeit?
134 Rückfallverhütung: Das können Sie selbst tun

Vorwort von Harald Schmidt

Depression – darunter kann sich wirklich jeder etwas vorstellen, allerdings meist jeder etwas anderes. Der Glückliche, der damit bisher nichts zu tun hatte, denkt vielleicht an den Frust, wenn der Partner schlecht gelaunt ist, an Tage, an denen man »nicht gut drauf« ist, an Trauer bei Verlusterlebnissen oder gar an den süßen Schmerz der Melancholie. Der direkt Betroffene erinnert sich mit Entsetzen an den Moment, wo ihm die Krankheit den Boden unter den Füßen weggezogen hat und Freude, Zukunft und Hoffnung undenkbar waren. Der verzweifelte und ratlose Angehörige spürt die eigene Hilflosigkeit gegenüber dem völlig veränderten Partner, der mit einem Mal weder durch Worte noch durch Zuneigung oder Ärger erreichbar schien. Der Umgang mit der Erkrankung Depression schwankt zwischen Banalisierung und Dämonisierung, und genau hieraus erwächst auch das Stigma, das dieser Erkrankung immer noch anhaftet, wenn auch weniger als noch vor einigen Jahren. Aus diesem Grund habe ich auch die Schirmherrschaft für die Stiftung Deutsche Depressionshilfe übernommen und nicht wegen meines Hangs zur Ämterhäufung.

Entscheidend ist eine sachliche und verständliche Aufklärung. Was sind die genauen Krankheitszeichen? Was weiß man über die Ursachen? Wie sind die Behandlungsmöglichkeiten? Genau diese und andere Fragen beantwortet der Ratgeber. Hierbei orientieren sich die Autoren, soweit das beim jetzigen Wissensstand möglich ist, weniger an Meinungen von Autoritäten oder persönlichen Überzeugungen, sondern vielmehr daran, was durch wissenschaftliche Untersuchungen auch belegt ist. Dadurch wird das Risiko möglicher Selbsttäuschungen reduziert, weil bei wichtigen Aussagen immer die Frage im Raum steht: »Wodurch ist das belegt?« Gerade im »Psychobereich« treffen wir auf einen undurchdringlichen Dschungel aus Heilslehren und Schulen mit oft charismatischen Häuptlingen. Diese empfehlen den verzweifelten Betroffenen dann Behandlungen, von denen weder klar ist, ob sie wirken, noch ob sie keinen Schaden anrichten. Das erschwert den depressiv Erkrankten, die ohnehin entscheidungsunsicher sind, die Orientierung.

Hier sorgt dieser Ratgeber für Ordnung. Er schafft eine Basis für mehr Verständnis der Erkrankung und auch für einen besseren und gezielteren Umgang mit ihr. Der Ratgeber hilft aus der Resignation heraus und macht Mut, sich Hilfe zu holen und die bewährten Behandlungsmöglichkeiten konsequent zu nutzen. Hierzu möchte ich Sie auch ganz persönlich ermutigen. Depression ist behandelbar!

Alles Gute für Sie

Ihr Harald Schmidt
Schirmherr der Stiftung Deutsche Depressionshilfe

Liebe Leserin, lieber Leser,

Wer in der Depression gefangen ist, kann sich einen positiven Ausgang kaum vorstellen. Depressionen sind mehr als die meisten anderen Erkrankungen mit einem hohen persönlichen Leiden verbunden. Es handelt sich um eine schwere, nicht selten lebensbedrohliche Erkrankung. Denn viele depressive Patienten erleben ihren Zustand als so unerträglich, dass sie nicht mehr leben wollen.

Die Depression ist nicht nur eine schwere, sondern auch eine häufige Erkrankung. Sie haben viele Leidensgenossen. Allein in Deutschland wird die Zahl der zurzeit Erkrankten auf 4 Millionen geschätzt. Erfreulicherweise gibt es zwischenzeitlich eine Reihe wirksamer Behandlungsverfahren, mit denen so gut wie allen depressiv Erkrankten geholfen werden kann. Meist kann die Krankheit vollständig zum Abklingen gebracht werden. Die wirksamen Behandlungen werden aber aus verschiedensten Gründen oft nicht konsequent eingesetzt – mit leidvollen Folgen für die Betroffenen.

Genau hier setzt dieses Buch an. Es soll Ihnen helfen, die für Sie optimale Behandlung zu finden. Gute Kenntnisse über Ihre Erkrankung und die verschiedenen Behandlungswege machen Sie zum »Experten in eigener Sache« und damit auch zu einem gut informierten und kompetenten Gesprächspartner für Ihren Arzt. Dadurch können Missverständnisse und Irrwege in der Behandlung vermieden werden. Der Ratgeber wendet sich an Menschen, die von einer Depression im Sinne einer ernsthaften medizinischen Erkrankung betroffen sind. Er ist aber auch für Menschen, die unter noch nicht krankhaften Stimmungsschwankungen leiden, und vor allem auch für Angehörige von Erkrankten hilfreich.

Zur Aufteilung des Buches

Dieser Ratgeber gliedert sich in drei Buchteile und einen Serviceteil.

Im ersten Teil lernen Sie die wichtigsten Anzeichen und Formen der Krankheit kennen. Mit einem Selbsttest können Sie feststellen, ob bei

Ihnen oder Ihrem Angehörigen typische Depressionszeichen bestehen. Es geht auch um die Modediagnose Burnout, hinter der sich oft eine Depression versteckt. Wir beschäftigen uns mit möglichen Ursachen und Auslösern der Erkrankung. Depressionen bei Frauen, bei Kindern und bei alten Menschen sind weitere Themen.

Der zweite, umfangreichste Teil widmet sich allen verfügbaren Therapiemöglichkeiten. Wenn Sie gut darüber informiert sind, welche Medikamente, Psychotherapieverfahren und weitere Behandlungsmethoden es gibt, werden Ihr Arzt oder Psychotherapeut und Sie gemeinsam eine Erfolg versprechende Auswahl treffen können. Die Stärken der unterschiedlichen Behandlungsstrategien, aber auch mögliche Nachteile bzw. Nebenwirkungen und alle anderen wichtigen Entscheidungskriterien werden übersichtlich dargestellt. Denn jeder depressiv Erkrankte benötigt eine Therapie, die auf ihn maßgeschneidert ist, und ihn optimal dabei unterstützt, die Depression zu überwinden und dann dauerhaft gesund zu bleiben.

Der letzte Buchteil beschäftigt sich mit dem wichtigen Thema Selbsthilfe. Denn es gibt vieles, was Sie begleitend oder im Anschluss an eine Behandlung selbst tun können, um im Alltag wieder Fuß zu fassen. Dabei beschäftigen wir uns auch ausführlich mit dem Thema »Depression im Internet« und geben Ihnen Kriterien an die Hand, um die zahlreichen Webseiten, Onlineforen, Onlinetherapieangebote etc. besser einschätzen zu können. Weitere Schwerpunkte sind Hilfe und Unterstützung für Angehörige, die grundsätzlich bei einer Depression mitbetroffen sind, sowie der Umgang mit der Depressionsdiagnose am Arbeitsplatz.

Da dieses Buch schon von vielen Betroffenen, Angehörigen und anderen interessierten Menschen gelesen wurde und unvermindert eine große Nachfrage besteht, halten Sie nun die 3. Auflage in Händen, die wir gründlich überarbeitet, ergänzt und auf den neuesten Stand gebracht haben. Wir hoffen, dass dieses Buch auch für Sie hilfreich ist.

Leipzig und Bamberg, im Frühjahr 2013

Univ.-Prof. Dr. med. Ulrich Hegerl
Svenja Niescken

Depression verstehen

Sie kann plötzlich beginnen oder sich einschleichen. Sie kann Frauen oder Männer, alte Menschen oder Kinder treffen. Typische Anzeichen einer Depression sind die gedrückte Stimmung, der Verlust jeglicher Freude und meist auch aller anderen Gefühle und starke Erschöpfung.

Die vielen Gesichter einer Depression

Die Depression verändert den Betroffenen tiefgehend. Dieser hat das Gefühl, als ob sich über Körper und Seele ein bleierner Mantel gelegt hätte. Diese Veränderungen äußern sich in verschiedenen Symptomen (Krankheitszeichen). Möglicherweise treffen einige der Krankheitszeichen auf Sie selbst oder einen Angehörigen von Ihnen zu.

Typische Symptome

Die Stimmung ist deprimiert. Der Betroffene fühlt sich niedergeschlagen (lateinisch »deprimere« = niederdrücken).

Freudlosigkeit. Die Fähigkeit, irgendeine Freude zu empfinden, ist ausgeschaltet. Auch erfreuliche Ereignisse erreichen den Betroffenen nicht. Jegliches Interesse an der Umwelt ist verloren gegangen, auch das Interesse an Sexualität. Viele Depressive beschreiben ihren Zustand als »innere Leere« und »Gefühl der Versteinerung« (Gefühl der Gefühllosigkeit). Bei schweren Depressionen versiegen die Tränen, selbst negative Gefühle wie Trauer werden nicht mehr erlebt. Wenn die Tränen wieder fließen, kann das somit auch ein Zeichen der Besserung sein.

Antriebsstörung. Depressive leiden unter Schwunglosigkeit und gestörtem Antrieb. Alles erfolgt wie gegen einen zähen Widerstand. Sie fühlen sich erschöpft, ziehen sich oft von ihren Mitmenschen zurück und erleben schon kleinste Aufgaben als einen unüberwindbaren Berg und eine große Belastung. Häufig fühlen sie sich nicht einmal mehr in der Lage, sich selbst zu versorgen. Manche Betroffene laufen jedoch auch rastlos und von Verzweiflung getrieben umher.

Schuldgefühle. Neben der Verzweiflung und Hoffnungslosigkeit stellen sich bei vielen auch intensive und übertriebene oder unbegründete Schuldgefühle ein (z. B. »Ich bin nur eine Belastung für die Gesellschaft und meine Familie«).

Ständiges Grübeln. Die Betroffenen werden von einer Grübelneigung gequält. Die durch die Depression dunkel gefärbten Gedanken kreisen um eigenes Versagen, die scheinbar ausweglose Situation und die unbewältigbar erscheinende Zukunft.

Angstgefühle. Die meisten Depressiven beschreiben zudem ein alles durchdringendes Angstgefühl, das sie den ganzen Tag über begleitet.

Depression verstehen

» Es zieht mir den Boden unter den Füßen weg

»Bei mir fängt ›Es‹ mit einem Gefühl an, dass plötzlich alles anders ist. Es zieht mir den Boden unter den Füßen weg. Ich bin kein ängstlicher Mensch, weiß, was ich will, schlafe in der Regel gut, esse gern und habe viel Freude an der Natur. Das ist in der Depression alles anders.«

» Das Aufstehen kostet ungeheure Kraft

»Die Nacht ist schon schlimm, aber dann kommt der Morgen. Schonungslos. Mein Gott, wieder ein Tag. Wie steh' ich ihn durch? Am besten wäre Liegenbleiben. Aber das hab' ich bald gemerkt, dass dies noch schlimmer ist, zumindest bei mir. Doch kostet es ungeheure Kraft aufzustehen. Es gibt ja nichts, worauf man sich freuen könnte. Warum überhaupt leben? Alles ist so mühsam. Mir hat am Morgen die Aussicht auf den Abend geholfen. Abends wurde es bei mir immer etwas besser. Wenn die Sonne untergeht, geht auch die Depression unter. Das habe ich auch so empfunden.«

Körpersprache. Manche Betroffene können ihre Depression gut überspielen und vor ihrer Umgebung weitgehend verbergen. Familienangehörige und enge Freunde bemerken jedoch meist die Veränderungen hinter der Fassade. Die Erkrankung spiegelt sich bei den meisten Depressiven in Mimik und Gestik wider: Das Verhalten wirkt gebremst, die Stimme ist leise und monoton, die Antworten in einem Gespräch erfolgen quälend langsam.

Schlaf- und Appetitstörungen. So gut wie alle depressiv Erkrankten leiden unter hartnäckigen Schlafstörungen. Ein großer Teil wacht in den frühen Morgenstunden auf und liegt mit quälenden Grübeleien im Bett. Auch eine Appetitstörung mit Gewichtsverlust ist häufig. In Einzelfällen weisen jedoch die Betroffenen gegenteilige Krankheitszeichen auf, nämlich vermehrte Schlafneigung und gesteigerten Appetit, besonders auf Süßes. Berichten die Betroffenen zusätzlich über eine bleierne Schwere in den Armen und Beinen, eine leichte Kränkbarkeit durch die Zurückweisung durch andere Menschen und eine deutliche Stimmungsaufhellung, sobald positive Nachrichten kommen, dann spricht man von einer atypischen Depression.

Körperliche Beschwerden. Viele Depressive leiden zudem unter unterschiedlichsten körperlichen Beschwerden, die von Kopf- oder Rückenschmerzen, über Zahnprobleme bis hin zur Verstopfung reichen können. Typisch ist zudem ein nagendes, drückendes Gefühl hinter dem Brustbein.

Suizidgedanken. Die Mehrzahl der Patienten mit schweren Depressionen erleben ihren Zustand als so hoffnungslos und unerträglich, dass sie diesem entfliehen wollen – wie auch immer. Suizidgedanken können durch Aussagen wie: »Das hat doch alles keinen Sinn« oder »Ich halte es nicht mehr aus. Am liebsten würde ich einschlafen und nicht mehr aufwachen«, geäußert werden. Eventuell hat der Betroffene sogar konkrete Suizidgedanken und -pläne. Auf die Suizidalität als dem dunklen Begleiter der Depression wird später eingegangen.

Unterschiedliche Syndrome

Damit Ihr Arzt eine Depression diagnostizieren kann, müssen verschiedene dieser Symptome vorhanden sein. Die Symptommuster (gleichzeitiges Auftreten verschiedener Krankheitszeichen) können jedoch sehr unterschiedlich und das Krankheitsbild somit entsprechend vielgestaltig sein. Typische und häufige Symptommuster werden von den Ärzten und Psychotherapeuten Syndrome genannt. Nachfolgend werden einige häufig auftretende Syndrome beschrieben.

Gehemmt-depressives Syndrom. Die Betroffenen wirken vollständig in ihrem Leid und ihrer Verzweiflung versunken. Jede Tätigkeit und jedes Gespräch empfinden sie als quälend anstrengend. Die Mimik ist wie eingefroren. Alle Handlungen erfolgen wie gegen einen zähen Widerstand. Über ihrem Erleben und Verhalten liegt eine bleierne Schwere.

Larvierte oder maskierte Depression. Die larvierte (lateinisch »larva = die Maske«) oder maskierte Depression wird in der Praxis leicht übersehen. Die Betroffenen klagen vorwiegend über körperliche Beschwerden wie etwa Kopf- oder Rückenschmerzen, Herz- oder Atembeschwerden. Die typischen psychischen Symptome, wie depressive Stimmung, Hoffnungslosigkeit und Freudlosigkeit, werden dagegen nicht spontan berichtet. Der Arzt oder Therapeut erkennt sie nur dann, wenn er gezielt danach fragt. Häufig wird deshalb nicht die richtige Diagnose gestellt.

» Alles ist grau gefärbt

»So wie Verliebte alles durch eine rosa Bille sehen, sind die Gläser der Depressiven grau gefärbt. Die schönen Blumen im Garten habe ich nur als Belastung gesehen, das Unkraut schien mir über den Kopf zu wachsen. Ich hasste sonnige Tage, da ich nicht über das schlechte Wetter jammern konnte. Umweltzerstörung und Hochwassernachrichten nahmen katastrophale Ausmaße an und bedrohten mich, ohne direkten Anlass, persönlich. Die schönsten Landschaften waren mir egal. Keine Freude, keine Lust am Leben, das ich sonst so gerne mag.«

》 Ich habe auf einmal Schmerzen

»Ich bin körperlich sehr gesund und habe eigentlich nie Schmerzen. In der Depression tauchen sie auf, heftig und an verschiedenen Stellen. Ich spüre einen starken Druck im Kopf und in den Ohren. Auf der Brust habe ich ein Engegefühl, als wäre ein eiserner Reifen darum gezogen. In der Magengegend tut es richtig weh, als hätte ich einen Boxerschlag hineinbekommen.«

Wahnhaft-depressives Syndrom. Bei schweren Depressionen können sich die Sorgen, Befürchtungen und sonstigen negativen Gedanken bis hin zu einem Wahn zuspitzen und verfestigen. Ein Wahn liegt dann vor, wenn unverrückbar Überzeugungen vertreten werden, die von den Mitmenschen als völlig überzogen und nicht als mit der Realität übereinstimmend wahrgenommen werden. Die Wahnvorstellungen des depressiven Patienten drehen sich häufig um die Themen Schuld, Sünde, Armut und Krankheit. Beim »Schuldwahn« glaubt der Betroffene durch Fehlverhalten große und nicht wiedergutzumachende Schuld auf sich geladen zu haben. So stellte sich beispielsweise bei einer Patientin, die vor vielen Jahren einen Lippenstift in einem Kaufhaus gestohlen hatte, die Überzeugung ein, schwerste Schuld auf sich geladen und das Recht auf ein glückliches Leben verwirkt zu haben. Beim »Verarmungswahn« ist der Betroffene beispielsweise davon überzeugt, sich finanziell schwer verschuldet und die Familie in den Ruin manövriert zu haben, obwohl durch das Bankkonto das Gegenteil bewiesen wer-

*Über Körper und Seele legt sich ein bleierner Mantel.
Man empfindet keinerlei Freude mehr.
Auch alle anderen Gefühle sind wie abgetötet.
Ein Zustand der Versteinerung und inneren Leere tritt ein.*

Depression verstehen

den kann. Beim »hypochondrischen oder Krankheitswahn« ist sich der Betroffene sicher, unter einer schweren und tödlich verlaufenden körperlichen Krankheit zu leiden, obwohl entsprechende ärztliche Diagnosen gar nicht gestellt wurden. Bei wahnhaften Depressionen handelt es sich um eine zwar eher seltenere, aber dafür besonders schwere und lebensbedrohliche Ausprägung der Depression. Bei wahnhaften Depressionen sehen viele Betroffene die Selbsttötung als einzigen Ausweg aus dem Leiden. Deshalb muss hier immer ein Facharzt hinzugezogen und eine stationäre Behandlung veranlasst werden.

Agitiert-depressives Syndrom. Dieses Syndrom (lat. »agitare« = handeln) zeichnet sich durch große Unruhe, Angst und verzweifeltes Klagen aus. Die Betroffenen laufen in ihrer Verzweiflung wie getrieben umher auf der Suche nach Hilfe.

wichtig

Falls Sie das Gefühl haben, Sie selbst oder eine Ihnen nahestehende Person leiden unter Depressionen, so holen Sie sich bitte fachmännische Hilfe. Eine Depression ist eine schwere, aber auch eine gut behandelbare Erkrankung. Nutzen Sie die Therapiemöglichkeiten!

Nur verstimmt oder schon depressiv?

Unsere Stimmung ist so wechselhaft wie das Wetter. Wir freuen uns, wenn wir lieb gewonnene Menschen treffen, und fühlen uns niedergeschlagen nach Zurückweisungen, Misserfolgen und Verlusterlebnissen. Handelt es sich um sehr einschneidende positive oder negative Ereignisse, so kann die damit einhergehende Stimmungsschwankung durchaus einige Tage oder auch Wochen anhalten. Jeder, der schon einmal unerwidert verliebt war oder intensiv um einen nahen Angehörigen getrauert hat, kennt diesen Zustand. Dies ist Teil des ganz normalen und oft auch schwierigen Lebens. Der Betroffene selbst oder auch besorgte Freunde oder Angehörige fragen sich jedoch häufig: »Wie kann ich eine ›normale‹ depressive Stimmung bei schwierigen Lebensumständen von einer behandlungsbedürftigen depressiven Erkrankung unterscheiden?« Da depressive Erkrankungen in vielen Fällen sogar lebensbedrohlich sind, ist dies eine sehr wichtige Frage. Wenn Sie über zwei Wochen hinweg in den frühen Morgenstunden aufwachen und nicht mehr einschlafen können, sich dann beim Weckerklingeln vor den unüberwindbaren Aufgaben des Tages fürchten und schon das Aufstehen und Duschen große Willenskraft erfordern, dann können das typische Zeichen einer depressiven Erkrankung sein.

Wenn ein älterer Mensch seinen Partner verloren hat, möglicherweise körperlich schwer krank ist und zudem noch die Wohnung aufgeben muss, sind eine gedrückte Stimmung und Zukunftssorgen eine durchaus sehr verständliche Reaktion. Es kann jedoch auch eine eigenständige depressive Erkrankung vorliegen, die dann behandlungsbedürftig ist. Die Gefahr, eine bestehende Depression zu übersehen, ist in solchen Lebenssituationen besonders groß.

》 Häufige Erkrankung – und trotzdem ein Tabu

»Bald bemerkte ich, man kann über alle Krankheiten sprechen – über einen Herzinfarkt, über Krebs, sogar über AIDS. Aber über der Depression liegt ein Schleier. Erst als ich im Bekannten- und Verwandtenkreis begann, über meine Krankheit zu reden, mich zu ihr zu bekennen, merkte ich, wie viele Menschen oder deren Angehörige ähnliche Erfahrungen mit der Krankheit hatten.«

》 Die schweren Zeiten haben mich dankbar gemacht

»Manchmal werde ich gefragt, ob ich glaube, dass meine Depressionen einen Sinn gehabt haben. Zunächst habe ich immer geantwortet: ›Nein, es war nur furchtbar‹. Mittlerweile sehe ich es etwas differenzierter und meine, diese schweren Zeiten haben mich dankbarer gemacht. Ich kann noch mehr staunen über die Schönheiten der Natur, der Pflanzen, des Sternenhimmels und mich an kleinen Dingen freuen. Und ich bin sensibler geworden für das Leiden anderer, höre genauer hin. Ich sage nicht mehr: ›Reiß dich zusammen‹, weil ich weiß, dass es sein kann, dass die- oder derjenige einfach nicht mehr kann.«

Normale oder krankhafte Reaktion?

Folgende Symptome erlauben es dem Fachmann, depressive Erkrankungen von nicht krankhaften Reaktionen auf schwierige Lebensumstände abzugrenzen:
- Selbsttötungsgedanken oder -absichten weisen auf eine depressive Erkrankung hin.
- Bei schweren Depressionen ist die Fähigkeit, irgendeine Art von Freude zu empfinden, wie abgeschaltet.
- Schwere Depressionen sind mit dem Gefühl der inneren Versteinerung (»Gefühl der Gefühllosigkeit«) verbunden.
- Die Neigung zu übertriebenen Schuldgefühlen und Selbstvorwürfen sind typisch für eine Depression.
- Der Erkrankte fühlt sich wie in einem »inneren Alarmzustand« mit großer permanenter Anspannung und Erschöpfung.
- Schlafstörungen mit frühmorgendlichem Erwachen sowie Stimmungsschwankungen im Tagesverlauf, mit einem Morgentief sowie einer Stim-

mungsaufhellung gegen Abend, weisen eher auf eine depressive Erkrankung hin.

Entwickelt sich eine wahnhafte Depression mit weit übertriebenen Schuldgefühlen, Ängsten vor Verarmung oder vor unheilbaren Erkrankungen, ist das Krankhafte des Zustandes deutlich zu erkennen. Zudem können frühere depressive Krankheitsphasen bereits ein Hinweis darauf sein, dass eine erneute Krankheitsphase vorliegt.

Wie wird eine Depression festgestellt?

Im deutschen Sprachraum richten sich Ärzte nach der von der Weltgesundheitsorganisation (WHO) herausgegebenen Einteilung »ICD-10« (International Classification of Diseases), die mittlerweile in der zehnten Fassung vorliegt. Hiernach gehören die Depressionen zu den affektiven Störungen. Der Begriff affektiv stammt von dem lateinischen Wort »affectus« und bedeutet »Gemütszustand«. Um zum Beispiel die Diagnose unipolare Depression stellen zu können, müssen nach der ICD-10 eine bestimmte Anzahl von Haupt- und Nebensymptomen der Depression sowie weitere Diagnosekriterien erfüllt sein (siehe Wissens-Kasten).

> **WISSEN**
>
> **Haupt- und Nebensymptome einer Depression**
> **Hauptsymptome:**
> - gedrückte Stimmung
> - Interesse-/Freudlosigkeit
> - Antriebsstörung
>
> **weitere Symptome:**
> - Konzentrationsprobleme
> - mangelndes Selbstwertgefühl
> - Schuldgefühl
> - gehemmtes oder unruhiges (agitiertes) Verhalten
> - Gedanken an Selbsttötung (Suizidalität)
> - Schlafstörung
> - Appetitminderung

Von den drei Hauptsymptomen müssen mindestens zwei vorhanden sein. Das bedeutet, dass jemand durchaus depressiv erkrankt sein kann, ohne über eine gedrückte Stimmung (Symptom 1) zu klagen. Er muss dann jedoch unter einer tiefen Freudlosigkeit (Symptom 2) und einer allgemeinen Antriebslosigkeit (Symptom 3) leiden. Zusätzlich zu den beiden Hauptsymptomen müssen mindestens zwei Nebensymptome auftreten. Wichtig dabei ist, dass diese Symptome mindestens über eine Dauer von zwei Wochen vorhanden sind.

Diese Kriterien für die Diagnose einer Depression wirken formalistisch und das Vorgehen allzu schematisch in Anbetracht der Komplexität des menschlichen

Erlebens und Verhaltens. In diesen Klassifikationsversuchen drückt sich jedoch das Bemühen aus, zu einer gemeinsamen Sprache und einem gemeinsamen Vorgehen zu finden, damit überall das Gleiche gemeint ist, wenn von einer Depression gesprochen wird.

Schweregrad

Als depressive Episode oder Krankheitsphase wird die Zeitspanne der akuten Krankheitserscheinungen bezeichnet. Treten zwei Hauptsymptome und zwei andere häufige Symptome zusammen auf, so handelt es sich um eine leichte depressive Episode. Zum Beispiel: Sie leiden seit mehr als zwei Wochen unter gedrückter Stimmung und Antriebslosigkeit. Außerdem haben Sie Schlafstörungen und keinen Appetit. Sie können sich aber noch relativ gut konzentrieren, haben keine Suizidgedanken und Schuldgefühle und keine Probleme mit Ihrem Selbstwertgefühl. Sie fühlen sich nicht gehemmt oder unruhig und haben auch keinen Interessensverlust bemerkt. Dann würde dies als leichte depressive Episode bezeichnet werden. Treten zwei Hauptsymptome und mindestens drei andere häufige Symptome auf, so liegt eine mittelgradige depressive Episode vor. Werden drei Hauptsymptome und mindestens vier Nebensymptome festgestellt, so handelt es sich um eine schwere depressive Episode.

Modediagnose Burnout

Innerhalb kurzer Zeit ist »Burnout« zu einem häufig zitierten und allgegenwärtigen Begriff geworden: Die Medien sprechen von einer »Burnout-Epidemie«, selbsternannte »Burnout-Kliniken« springen auf den Zug auf und hoffen auf betroffene Manager mit Privatversicherung. Unternehmen führen betriebsinterne gesundheitsfördernde Maßnahmen zur Stressreduktion ein, um dem »Burnout« und den damit in Verbindung gebrachten Produktivitätsverlusten vorzubeugen. Und auch der Gesetzgeber versucht dem »Ausbrennen« durch neue verbindliche Regeln für Unternehmer vorzubeugen. Vorteilhaft an dieser Entwicklung ist, dass Betroffene mit Depressionen und anderen psychischen Störungen unter dem wenig stigmatisierten Begriff »Burnout« leichter den Weg in eine professionelle Behandlung finden. Auf der anderen Seite beinhaltet der inflationäre Gebrauch des Begriffs jedoch auch viele Nachteile.

Im Gegensatz zur Depression existiert für das Krankheitsbild Burnout keine verbindlich festgelegte Definition. Stattdessen werden in unterschiedlichen Studien mehr als 160 Krankheitsanzeichen mit Burnout in Verbindung gebracht. In den für ärztliche Diagnosen maßgeblichen internationalen Klassifikationssystemen ist Burnout zudem keine offizielle Diagnose.

DEPRESSION VERSTEHEN

wichtig

Burnout ist eher ein Gefühl und keine definierte Erkrankung. Entsprechend liegen für die vielfältigen psychischen Störungen, die alle unter Burnout zusammengefasst werden, auch keine Behandlungen mit Wirksamkeitsbelegen aus methodisch guten Studien vor.

Die meisten »Burnout-Patienten« sind depressiv

Ein Großteil derjenigen, die aufgrund eines »Burnouts« eine längere Auszeit benötigen, leiden tatsächlich an einer depressiven Erkrankung. Von ihnen genannte und mit Burnout in Verbindung gebrachte Krankheitszeichen wie Antriebsmangel, Energieverlust, Motivationsverlust, Schlafstörungen, körperliche Beschwerden, niedergedrückte und verzweifelte Stimmung oder Suizidgedanken sind Merkmale einer Depression. Zusammenfassend betrachtet erfüllt die Mehrzahl der Menschen, die sich wegen eines Burnouts in ärztliche Behandlung begeben, alle Diagnosekriterien einer Depression. Konsequenterweise sollte in diesem Fall dann auch von einer Depression gesprochen und nicht auf die Ausweichdiagnose Burnout zurückgegriffen werden, da dies nur Verwirrung stiftet.

Der Begriff Burnout (»Ausbrennen«) legt zudem die Vermutung nahe, dass die Ursache der Probleme in einer Selbst- oder Fremdüberforderung liegt. Depressiv Erkrankte haben jedoch regelhaft das Gefühl tiefer Erschöpfung, der meist keine äußere Überforderung vorausgegangen

ist. Viele depressive Episoden werden durch negative Lebensereignisse wie beispielsweise den Verlust des Arbeitsplatzes oder die Trennung vom Partner, aber auch durch eher positive Veränderungen wie einen längeren Urlaub, eine Beförderung oder auch den Kauf eines Wohnhauses verstärkt (»getriggert«). Auf der anderen Seite ist aber bei zahlreichen Menschen mit einer depressiven Episode auch kein bedeutsamer Auslöser festzustellen.

Würde es sich bei einem Burnout oder sogar bei einer Depression in erster Linie um die Folge einer beruflichen Überbeanspruchung oder Überforderung handeln, so müsste diese Erkrankung in Hochleistungsbereichen deutlich häufiger auftreten. Das würde bedeuten, dass Topmanager oder Hochleistungssportler deutlich häufiger davon betroffen sein müssten als beispielsweise Rentner, Studenten oder nicht berufstätige Personen. Tatsächlich ist jedoch eher das Gegenteil der Fall.

Warum Ruhe und Erholung oft nicht die richtige Strategie sind

Der Begriff Burnout weckt die Vorstellung, dass der Betroffene in erster Linie Ruhe und Erholung benötigt. Weniger Termine, länger schlafen und Urlaub scheinen demnach gute Bewältigungsstrategien zu sein. Sollte sich hinter den Symptomen jedoch eine depressive Erkrankung verbergen, so handelt es sich dabei um keine zielführenden und oft sogar gefährliche Gegenmaßnahmen. Bei depressiven Menschen führen längere Schlaf- und Ruhezeiten anders als erwartet nicht selten zu einer Zunahme ihrer Erschöpfung und bewirken eine weitere Stimmungsverschlechterung. Ein systematischer Schlafentzug ist dagegen eine etablierte und wirksame antidepressive Behandlung.

Auch Urlaube sind für depressiv Erkrankte oft schwierig. Da die Depression mitreist, wird der eigene Zustand mit Antriebsstörung und der Unfähigkeit, irgendeine Freude zu empfinden, im Urlaub in fremder Umgebung oft besonders bedrückend und schmerzlich erlebt. Insofern ist auch eine Krankschreibung nicht automatisch die beste Lösung. Bei schweren Depressionen ist sie unvermeidlich. Bei leichten Depressionen muss dagegen im Einzelfall entschieden werden. Die Einbindung in feste und verlässliche Abläufe am Arbeitsplatz kann hier von den Betroffenen durchaus als hilfreich empfunden werden. Zudem empfinden es viele depressiv Erkrankte als besonders belastend, wenn sie nach der Krankschreibung grübelnd zu Hause im Bett liegen. Manche Betriebe bieten betroffenen Mitarbeitern an, das Arbeitspensum während der depressiven Episode deutlich zu reduzieren. Das verringert den Leistungsdruck und ermöglicht es den Betroffenen gleichzeitig, Halt und einen strukturierten Tagesablauf durch die Einbindung in den Arbeitsrhythmus zu erfahren.

Zusammengefasst findet sich in dem großen Topf »Burnout« alles vom normalen, alltäglichen Stress bis zur schwersten Depression. Stressreaktionen auf belastende Ereignisse oder hohe berufliche wie private Anforderungen sind eine normale Reaktion ebenso wie Trauer auf entsprechende Verlusterlebnisse. Sie müssen nicht medizinisch behandelt werden. Bei der Depression handelt es sich dagegen um eine schwere und oft lebensbedrohliche Erkrankung. Sie zu verharmlosen verstärkt das Unverständnis gegenüber depressiv Erkrankten und führt auch zu einer Verstärkung der bestehenden Stigmatisierung. Angemerkt sei zum Schluss, dass »Burnout« ein rein deutsches Modethema ist und im Rest der Welt nicht groß diskutiert wird.

Selbsttest: Bin ich depressiv?

Der Test kann Ihnen erste Hinweise geben, ob bei Ihnen eine depressive Erkrankung vorliegen könnte. Die Ergebnisse sollten und dürfen aber keinesfalls als »gesichert« angesehen werden. Vielleicht nehmen Sie den Test als Anregung, mit Ihrem Arzt über Ihre Beschwerden zu sprechen.

Bitte kreuzen Sie an, welche der Aussagen für die vergangenen zwei Wochen auf Sie am besten zutreffen. Versuchen Sie, über die Antworten nicht nachzudenken, sondern die Fragen möglichst spontan zu beantworten:

	In den vergangenen 2 Wochen hatte ich:	Ja	Nein
1	gedrückte Stimmung	X	☐
2	Interesselosigkeit und/oder Freudlosigkeit, auch bei sonst angenehmen Ereignissen	X	☐
3	Schwunglosigkeit und/oder bleierne Müdigkeit und/oder innere Unruhe	X	☐
4	fehlendes Selbstvertrauen und/oder fehlendes Selbstwertgefühl	X	☐
5	verminderte Konzentrationsfähigkeit und/oder starke Grübelneigung und/oder Unsicherheit beim Treffen von Entscheidungen	X	☐
6	starke Schuldgefühle und/oder vermehrte Selbstkritik	X	☐
7	negative Zukunftsperspektiven und/oder Hoffnungslosigkeit	X	☐
8	hartnäckige Schlafstörungen	X	☐
9	verminderten Appetit	☐	X
10	Gedanken an Selbsttötung	X	☐

Angelehnt an ICD-10/V (F); © Prof. Hegerl

Selbsttest: Bin ich depressiv?

Auswertung

Wichtig: Wenn Sie in Ihrer Verzweiflung an Selbsttötung denken und deshalb Punkt 10 mit »Ja« angekreuzt haben, dann suchen Sie bitte – unabhängig von Ihrem sonstigen Testergebnis – in jedem Fall ärztliche Hilfe. Am besten wenden Sie sich direkt an einen Nervenarzt oder Psychiater.

Für die Auswertung der übrigen Punkte »1 bis 9« zählen Sie, wie viele der Aussagen »1 bis 3« und wie viele der Aussagen »4 bis 9« mit »Ja« beantwortet wurden, und suchen dann Ihr Ergebnis in der Liste:

Fragen 1–3		Fragen 4–9
0 Ja	und	0 bis 2 Ja
1 Ja	und	0 bis 1 Ja

Ihre Angaben weisen nicht auf das Vorliegen einer depressiven Erkrankung hin. Falls Sie sich dennoch unwohl und depressiv fühlen sollten, suchen Sie bitte sicherheitshalber trotzdem einen Arzt auf und sprechen Sie mit ihm über Ihre Beschwerden.

Fragen 1–3		Fragen 4–9
0 Ja	und	3 bis 4 Ja
1 Ja	und	2 bis 3 Ja
2 Ja	und	0 bis 1 Ja

Sie leiden möglicherweise unter einer leichteren depressiven Erkrankung. Es ist empfehlenswert, dass Sie mit einem Arzt offen über Ihre Beschwerden sprechen. Bitte teilen Sie ihm neben Ihren körperlichen auch möglicherweise vorhandene psychische Beschwerden mit.

Fragen 1–3		Fragen 4–9
0 Ja	und	5 bis 6 Ja
1 Ja	und	4 bis 6 Ja
2 Ja	und	2 Ja
3 Ja	und	0 bis 1 Ja

Ihre Angaben deuten auf das Vorliegen einer depressiven Erkrankung hin. Wir möchten Sie bitten, sich möglichst bald an einen Arzt Ihrer Wahl zu wenden und mit ihm das weitere Vorgehen zu besprechen. Es gibt erprobte medikamentöse und psychotherapeutische Behandlungsmaßnahmen, die Ihnen höchstwahrscheinlich helfen können.

Fragen 1–3		Fragen 4–9
2 Ja	und	3 bis 6 Ja
3 Ja	und	2 bis 6 Ja

Bitte suchen Sie umgehend einen Arzt auf. Ihr Ergebnis lässt vermuten, dass Sie unter einer schweren depressiven Erkrankung leiden. Falls Sie diesen Test für einen Familienangehörigen oder Freund gemacht haben, sollten Sie ihn oder sie unbedingt zu einem Arztbesuch motivieren. Bitte beachten Sie, dass schwere depressive Erkrankungen leider immer wieder zu Selbsttötungsversuchen führen. Insofern brauchen Sie jetzt dringend professionelle Hilfe!

Wie verläuft die Erkrankung? Wer ist betroffen?

Die Depression kann unterschiedliche Verläufe nehmen, am häufigsten ist die unipolare Depression, die episodenhaft auftritt; aber es gibt auch eine Depressionsform, die zwar leichter ausgeprägt, aber dafür dauerhaft vorhanden ist; bei einer anderen Form – der bipolaren Erkrankung – kann die Stimmung aus dem depressiven Bereich in die Manie umschlagen, in der die Betroffenen wie getrieben sind und oft bestens gelaunt erscheinen.

Wie verlaufen Depressionen?

Die diagnostische Einteilung von Depressionen ist etwas kompliziert und wird auch laufend überarbeitet. Die wichtigsten Verlaufsformen sind:

Unipolare Depression

Die unipolare Depression (depressive Störung) ist am häufigsten. Sie liegt dann vor, wenn Sie eine depressive Episode mit den typischen Symptomen erleben. Diese kann sich über Wochen hinweg, manchmal aber auch innerhalb eines Tages einstellen und einige Monate anhalten. In seltenen Fällen und bei fehlender Behandlung können derartige Episoden auch ein oder sogar mehrere Jahre anhalten, bevor sie spontan abklingen.

Rezidivierende unipolare Depression. Nach einer depressiven Episode besteht ein erhöhtes Risiko, dass es nach Abklingen und einer beschwerdefreien Zeitspanne von Monaten oder Jahren zu einem Rezidiv, d. h. einer erneuten depressiven Episode, kommt. Die Mehrzahl der Menschen mit einer depressiven Erkrankung erleidet mehr als eine Episode. Man spricht dann von einer rezidivierenden unipolaren Depression (rezidivierende depressive Störung). Eine depressive Episode im Rahmen einer unipolaren Depression kann in jedem Alter auftreten. Der Beginn ist manchmal schleichend über Wochen hinweg, manche Betroffene können dagegen den Krankheitsbeginn auf die Stunde genau angeben. Frauen leiden etwa doppelt so oft wie Männer unter einer unipolaren Depression.

Bipolare affektive Erkrankungen

Während bei der unipolaren Depression nur depressive Episoden auftreten, erlei-

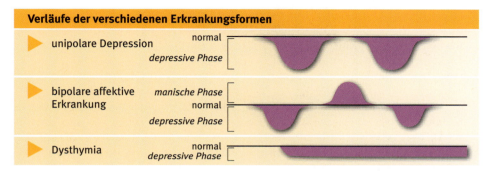

▲ Im Gegensatz zur unipolaren Depression und Dysthymia treten bei der bipolaren Erkrankung nicht nur depressive, sondern auch manische Phasen auf.

den manche Patienten nicht nur depressive, sondern auch manische Episoden. Man spricht dann von einer bipolaren affektiven Erkrankung, weil die Stimmung zwischen den beiden Polen bedrückt und überschwänglich gehoben schwankt. Die manischen Episoden sind durch einen übersteigerten Rede- und Tatendrang, meist gehobene Stimmung, fehlendes Schlafbedürfnis, Größenideen, vermehrte Geldausgaben und unvernünftige Risikobereitschaft gekennzeichnet. Oft besteht auch Ungeduld und Gereiztheit dem Umfeld gegenüber.

Bipolare affektive Erkrankungen sind deutlich seltener als unipolare Depressionen. Sie gehen mit einem hohen Rückfallrisiko einher: Mehr als 90 Prozent der Menschen, die eine manische Phase erlebt haben, erleiden weitere depressive und manische Episoden. Bleiben die Betroffenen unbehandelt, besteht ein hohes Selbsttötungsrisiko. Bipolare affektive Erkrankungen kommen bei Frauen und Männern gleich häufig vor.

Dysthymia

Einige Menschen leiden an einer leichter ausgeprägten, aber dafür chronischen, also dauerhaft vorhandenen Form der Depression. Diese wird nach ICD-10 Dysthymia (von griechisch: Missstimmung, Verstimmtsein) genannt. Die Betroffenen fühlen sich oft jahrelang müde, niedergedrückt, können sich über nichts richtig freuen, leiden unter Ängsten und sind insgesamt sehr pessimistisch. Die Krankheitszeichen ähneln denen einer depressiven Episode bei einer unipolaren Depression, sind aber weniger stark ausgeprägt, weswegen die Betroffenen ihre alltäglichen Aufgaben noch weitgehend bewältigen können. Die Krankheit tritt zumeist im frühen Erwachsenenalter auf und dauert meist jahrelang an.

Die Krankheitsanzeichen können sich jedoch im Krankheitsverlauf verstärken und der Betroffene zusätzlich zu der Dysthymie auch noch eine depressive Episode entwickeln. In diesem Fall sprechen

Depression verstehen

Experten von einer »double depression« – also von einer »doppelten Depression«. Da die Betroffenen ein erhöhtes Rückfallrisiko aufweisen, ist eine professionelle Behandlung erforderlich.

wichtig

Depressive Episoden können Wochen, Monate und unbehandelt sogar Jahre anhalten. Bei andauernden Episoden besteht die Gefahr, dass sich bei den Betroffenen Resignation und Selbstaufgabe einstellen und die Therapiemöglichkeiten nicht konsequent genutzt werden.

Weitere Formen

Die früher übliche Einteilung in endogene (von innen heraus kommende) und neurotische/psychogene (psychisch verursachte) Depression ist nicht mehr gebräuchlich. Wie später noch dargestellt wird, spielen bei jeder Depression sowohl körperliche als auch psychische Faktoren eine Rolle und auf beiden Ebenen kann auch nach Behandlungsmöglichkeiten gesucht werden.

Das in den USA gebräuchliche Klassifikationssystem DSM-V (diagnostisches und statistisches Manual der amerikanischen psychiatrischen Vereinigung) verwendet den Begriff Majore Depression, der weitgehend den mittelschweren bis schweren Depressionen in dem Klassifikationssystem ICD-10 entspricht.

Frauen erkranken häufiger an Depressionen. Die Hormonschwankungen beeinflussen die Stimmung und erhöhen das Depressionsrisiko. Kritisch können die Zeit nach einer Geburt und auch die Wechseljahre sein.

DEPRESSION VERSTEHEN

Sind Frauen häufiger depressiv?

Frauen erkranken laut Statistik zwei bis drei Mal so häufig an Depressionen wie Männer. Für diesen Geschlechtsunterschied gibt es eine Reihe von Erklärungen.

Zunächst wird diskutiert, dass Frauen möglicherweise gar nicht häufiger betroffen sind, sondern bei ihnen nur häufiger die richtige Diagnose gestellt wird. Frauen weisen oft eine höhere Bereitschaft als Männer auf, sich Hilfe zu holen und über vorhandene Ängste, Stimmungsschwankungen oder andere negative Empfindungen zu sprechen. Freunden, Familienangehörigen und eben auch Ärzten fällt es somit leichter, eine vorhandene Depression zu erkennen. Männer äußern sich dagegen häufig nur ungern über psychische Beschwerden und stellen lieber körperliche Probleme in den Vordergrund oder gehen gar nicht zum Arzt.

Ein zweiter Erklärungsversuch bringt die besondere gesellschaftliche Rolle und Belastung der Frau ins Spiel. Frauen mit Kindern müssen sich zwischen zwei unter Umständen belastenden Alternativen entscheiden: Wählen sie das Hausfrauendasein, so fühlen sie sich häufig gesellschaftlich abgewertet. Diese Tatsache kann sich negativ auf das Selbstwertgefühl auswirken. Versuchen die Frauen dagegen, Berufstätigkeit, Kinderbetreuung und Hausarbeit unter einen Hut zu bringen, so sind sie einer starken Belastung ausgesetzt. Dieses Rollendilemma könnte bei manchen Frauen die Depressionsanfälligkeit erhöhen. Ob es Frauen in unserer Gesellschaft tatsächlich schwerer haben als Männer, kann jedoch keineswegs als gesichert gelten. Auch spricht dagegen, dass Frauen mit Doppelbelastung keinesfalls häufiger an Depressionen erkranken.

WISSEN

Prämenstruelles dysphorisches Syndrom (PMDS)

Viele Frauen leiden vor ihrer Regelblutung unter krankhaften Verstimmungen, die als prämenstruelles dysphorisches (missgestimmtes) Syndrom (PMDS) bezeichnet werden. 28 Prozent der betroffenen Frauen fühlen sich durch PMDS bei ihrer gewohnten Arbeit beeinträchtigt und fünf bis acht Prozent sind deswegen in ärztlicher Behandlung. PMDS sollte nicht mit dem »normalen« prämenstruellen Syndrom (Brustspannungen, Kopfschmerzen, leichte Missstimmung) oder einer als unangenehm empfundenen Regelblutung (Bauchkrämpfe, Rückenschmerzen) verwechselt werden. Vom prämenstruellen dysphorischen Syndrom sprechen Ärzte erst dann, wenn das Alltagsleben der Betroffenen erheblich beeinträchtigt ist. Zentrale Merkmale für das PMDS sind unter anderem eine traurige Verstimmung, Gereiztheit und Angstzustände.

wichtig

Frauen erkranken zwar häufiger an Depressionen, doch Männer sterben im Schnitt acht Jahre früher und weisen ein deutlich höheres Suizidrisiko auf als Frauen.

Als biologische Faktoren sind die Unterschiede in den Geschlechtshormonen zu nennen. Auch sind Frauen im Laufe ihres Lebens wesentlich stärkeren Hormonschwankungen ausgesetzt als Männer. Diese Hormonschwankungen können die Stimmung beeinflussen und das Depressionsrisiko erhöhen. So leiden viele Frauen kurz vor dem Einsetzen der Regelblutung unter depressiver Stimmung und Gereiztheit (prämenstruelles Syndrom). Besonders heikel scheinen die Hormonumstellungen während und unmittelbar nach einer Geburt zu sein. Die Gefahr einer depressiven Erkrankung ist hier erhöht.

Ob Frauen auch während oder nach den Wechseljahren anfälliger für eine Depression sind, konnte bislang nicht abschließend geklärt werden.

Wenn nach der Geburt eine Depression auftritt

Auch bei der der sogenannten postpartalen Depression, die nach einer Geburt auftritt, handelt es sich um eine ernst zu nehmende Erkrankung. Die nachgeburtliche Depression sollte nicht mit dem umgangssprachlich »Baby-Blues« oder »Heultage« genannten Stimmungstief verwechselt werden. Der »Baby-Blues« tritt zwischen dem dritten und fünften Tag nach der Geburt auf und geht ohne weitere Behandlung wieder vorbei. Die postpartale Depression tritt meist in den ersten 30 Tagen nach der Geburt auf. In manchen Fällen können die Krankheitsanzeichen aber auch schon während der Schwangerschaft oder bis zu einem Jahr nach der Entbindung einsetzen.

Symptome. Die Krankheitszeichen entsprechen oft denen einer schweren Depression. Besonders quälend ist für die Betroffenen das Gefühl, ihr Kind nicht richtig lieben zu können. Wie auch bei anderen Depressionen kann es zu Suizidgedanken und -handlungen kommen. Manche der betroffenen Frauen denken in ihrer Verzweiflung sogar intensiv darüber nach, ob sie ihr Kind zur Adoption freigeben sollen.

Behandlung. Eine postpartale Depression muss wie jede Depression möglichst frühzeitig und konsequent behandelt werden. Antidepressiva haben sich als wirksam erwiesen, gehen allerdings in die Muttermilch über, sodass gegebenenfalls abgestillt werden muss.

Lassen Sie sich hier von einem erfahrenen Arzt beraten. Wird Lithium (siehe Seite 83) oder ein anderes Medikament zur Langzeittherapie im Rahmen einer Rückfallverhütung eingenommen, so muss das Vorgehen ebenfalls genau mit dem Arzt abgesprochen werden, u. a. da es bei der Mutter um die Geburt herum zu Schwankungen der Konzentration dieser Medikamente im Blut kommen kann und diese auch in die Muttermilch übertreten.

DEPRESSION VERSTEHEN

Im Alter werden Depressionen oft verkannt

Obwohl auch alte Menschen häufig an Depressionen erkranken, kann man nicht generell davon ausgehen, dass ältere Menschen öfter schwer depressiv erkrankt sind als jüngere. Einige Untersuchungen kommen hier sogar zu einem gegenteiligen Ergebnis und fanden höhere Depressionsraten bei jüngeren Erwachsenen. Vielleicht spielt hier jedoch eine Rolle, dass ältere Menschen bei Befragungen verschlossener sind und weniger bereitwillig über depressive Krankheitsanzeichen berichten als jüngere Menschen.

Bei älteren Depressiven ist das Risiko jedoch besonders hoch, dass die Krankheit nicht erkannt und nicht konsequent behandelt wird. Das Umfeld fehlinterpretiert eine gedrückte Stimmung, Appetit- und Schlafstörungen, Hoffnungslosigkeit oder Interesselosigkeit bei älteren Menschen oft als eine nachvollziehbare Reaktion auf schwierige Lebensumstände. Ein hohes Alter geht zweifelsohne mit zahlreichen Verlusterlebnissen einher: dem Verlust der körperlichen und oft auch geistigen Leistungsfähigkeit sowie der sozialen Rolle und Verantwortung, dem Verlust naher Angehöriger oder des Lebenspartners, vielleicht der eigenen Wohnung. Derartige schwierige Lebensumstände können eine gedrückte Stimmung und Sorgen, aber keine depressive Erkrankung erklären.

Darüber hinaus ist die Behandlung älterer Menschen durch verschiedenste Begleiterkrankungen und die Einnahme unterschiedlicher Medikamente oft komplizierter. Anstatt konsequent zu behandeln, wird häufig abgewartet – mit nachteiligen Folgen für den Betroffenen. Es wird schnell gefährlich, wenn sich ein älterer Mensch in sein Bett zurückzieht und nicht mehr ausreichend isst und trinkt. Zudem weisen vor allem ältere und alleinstehende Männer im Vergleich zu jüngeren Menschen ein deutlich erhöhtes Suizidrisiko auf.

Weitergehend ist zu bedenken, dass durch die Depression der Verlauf und die Behandlung anderer Erkrankungen wie zum Beispiel Herzerkrankungen (siehe Seite 36) oder Diabetes mellitus (siehe Seite 36) nachteilig beeinflusst werden, da Diäten nicht mehr eingehalten werden, körperliche Bewegung ausbleibt und der Körper durch den Stress, den die Depression auslöst, zusätzlich belastet wird.

Als Problem bei der Diagnosestellung erweist sich die Abgrenzung der Depressio-

> **WISSEN**
>
> **Folgen einer Depression im Alter**
> - Suizidgefährdung
> - Rückzug, Bettlägerigkeit
> - ungenügende Nahrungs- und Flüssigkeitsaufnahme
> - erhöhte Sterblichkeit an körperlichen Begleiterkrankungen

nen von Demenzen (Verlust intellektueller Fähigkeiten, vor allem des Gedächtnisses). Der depressionsbedingte Rückzug kann leicht als Ausdruck eines geistigen Abbaus oder als Teil des natürlichen Alterungsprozesses fehlinterpretiert werden.

Die Altersdepression erfordert eine besonders sorgfältige körperliche Untersuchung. Durchblutungsstörungen im Gehirn, Schilddrüsenfunktionsstörungen und eine Reihe weiterer Erkrankungen sowie zahlreiche internistische Medikamente, die ältere Menschen einnehmen, können Depressionen verursachen oder verstärken.

wichtig

Eine konsequente Behandlung ist besonders wichtig, da Depressionen bei alten Menschen durch Verschlechterung des körperlichen Zustands, aber auch durch das im Alter deutlich erhöhte Suizidrisiko besonders lebensbedrohlich sind. Depressionen sind auch im hohen Alter gut behandelbar.

Wenn Kinder nicht mehr leben wollen

Depressionen können auch im Kindesalter auftreten. Besonders gefährdet sind Kinder, deren Eltern oder Geschwister bereits depressiv sind. Wie viele Kinder betroffen sind, ist nicht leicht zu klären. Fest steht, dass vor der Pubertät mehr Jungen und nach der Pubertät mehr Mädchen depressiv sind. Die Ursachenforschung steckt noch in den Anfängen. Allerdings scheinen belastende Kindheitserlebnisse häufig eine Rolle zu spielen (z. B. Trennung oder Verlust von einem Elternteil, längere Krankenhausaufenthalte).

Die Symptome depressiver Kinder hängen vom Alter und Entwicklungsstadium, dem familiären Umfeld und den geistigen Fähigkeiten ab. Grundsätzlich gilt: Je jünger die Kinder sind, umso mehr körperliche Symptome wie Kopf- oder Bauchschmerzen liegen vor. Kinder unter sieben Jahren können ihr Missempfinden nur selten sprachlich ausdrücken. Aus diesem Grund muss hier eher auf Mimik und Gestik, Sozialverhalten sowie allgemein auf nonverbales Kommunikationsverhalten geachtet werden.

Wie zeigt sich eine Depression bei Kindern?

0 bis 3 Jahre. Zurzeit ist noch umstritten, in welcher Form es Depressionen bei Säuglingen und im frühen Kleinkindalter gibt. In dieser Altersstufe spricht man dann von einer depressiven Erkrankung, wenn die Kleinen traurig wirken und durch eine ausdrucksarme Mimik sowie erhöhte Reizbarkeit auffallen. Zudem ist die motorische Entwicklung oft verzögert und das Essverhalten schwierig bis gestört (z. B. »Wiederkäuen« bereits verschluckter Speisen). Auch selbststimulierendes Verhalten wie extremes Daumenlutschen oder Kopfwerfen beim Einschlafen wurde häufig beobachtet.

3 bis 6 Jahre. Im Vorschulalter sind depressive Kinder meist leicht reizbar und sehr wechsellaunig. Sie können sich über nichts richtig freuen und beschäftigen sich gedanklich übermäßig mit befürchteten Strafen, die auch ihr Spielverhalten beeinflussen. Daneben findet sich aber auch ein sehr aggressives und zerstörerisches Verhalten. Etliche Kinder, die bereits sauber waren, nässen und/oder koten sich wieder ein.

6 bis 13 Jahre. Im Schulalter sind die depressiven Kinder dann eher in der Lage, ihre Empfindungen sprachlich mitzuteilen. Sie berichten häufig über Traurigkeit, Suizidgedanken oder die Befürchtung, dass ihre Eltern sie verlassen könnten. In diesem Lebensalter beschreiben sich die Betroffenen oft selbst als dumm und nicht liebenswürdig. Zudem verschlechtern sich die Schulleistungen, und die Konzentrationsfähigkeit und Aufmerksamkeit nehmen ab. Entsprechend bemerken die Lehrer dieser Schüler das depressive Verhalten oft eher als die Eltern.

Ab 13 Jahre. Im Jugendalter ähneln die depressiven Symptome dann denen von Erwachsenen. Dabei überwiegen die Verzweiflung und das Gefühl, nichts an der Situation ändern zu können. Häufig kommt es zu Suizidgedanken und -versuchen. Suizid ist die zweithäufigste Todesursache bei Jugendlichen. Viele versuchen sich zudem mit Alkohol- oder Drogenkonsum selbst zu »therapieren«, was die Depression nicht selten verschlimmert.

Wie kann man depressiven Kindern helfen?

Die Behandlung depressiver Kinder und Jugendlicher sollte durch einen speziell ausgebildeten Kinder- und Jugendpsychiater oder -psychologen erfolgen. Zu empfehlen sind oft eine eingehende Beratung der Eltern, heilpädagogische Maßnahmen sowie bei Bedarf schulische Hilfen und das Training sozialer Fertigkeiten.

Psychotherapeutische Maßnahmen bei kleinen Kindern sind problematisch, da diese innerpsychische Vorgänge noch nicht ausreichend reflektieren können und stattdessen verstärkt Lösungen von außen – durch Eltern, Lehrer oder Ärzte – erwarten. Erst im Schulkindalter kann zum Beispiel eine verhaltenstherapeutische Behandlung fruchten. Genau wie in der Erwachsenentherapie werden auch hier negative Einstellungen gegenüber sich selbst, der Umwelt und der Zukunft in konkrete positive Aktivitäten umgelenkt und Fehlwahrnehmungen in angemessenere Sichtweisen umgewandelt (siehe Seite 91).

Seit einigen Jahren wird zudem die Wirksamkeit von Antidepressiva für Kinder und Jugendliche erforscht. Ausreichende Wirksamkeitsbelege liegen jedoch nur für den selektiven Serotonin-Wiederaufnahme-Hemmer (SSRI, siehe Seite 71) Fluoxetin vor.

Winterdepression

Vor allem in den Herbst- und Wintermonaten ist in den Medien verstärkt von den sogenannten Winterdepressionen die Rede. Gemeint ist damit oft die umgangssprachliche Bedeutung des Wortes Depression – die bei trübem Wetter und dunklen, verregneten Herbsttagen einsetzende gedrückte Stimmung – und nicht die Depression im medizinischen Sinne.

Saisonal abhängige Depression

Im medizinischen Sinne ist die Winterdepression, genauer die »saisonal abhängige Depression«, eine Sonderform der depressiven Erkrankung. Sie tritt mit einer gewissen Regelmäßigkeit ausschließlich zu einer bestimmten Jahreszeit auf, meist im Herbst und Winter. Diese Depressionsform führt nicht zu den sonst üblichen Ein- und/oder Durchschlafstörungen, sondern zu einem erhöhten Schlafbedürfnis. Die Betroffenen leiden auch nicht unter Gewichtsverlust, sondern unter einer Gewichtszunahme aufgrund eines verstärkten Heißhungers auf kohlenhydrathaltige Nahrungsmittel. Es handelt sich hierbei um eine eher seltene Unterform der depressiven Erkrankung, die gerade mal zehn Prozent aller Depressionen in den Herbst- und Wintermonaten ausmacht. Insofern ist die Vorstellung falsch, dass jede Depression, die im Winter auftritt, eine Winterdepression ist. Studien konnten eindeutig belegen, dass die Häufigkeit depressiver Erkrankungen insgesamt übers Jahr verteilt nur wenig schwankt und es somit auch nicht zu einer deutlichen Zunahme im Herbst und Winter kommt. Die Gründe für das Auftreten der »Winterdepression« sind noch nicht eindeutig geklärt. Eine Rolle spielt aber offenbar die reduzierte Sonneneinstrahlung. Das Sonnenlicht stimuliert über die Netzhaut im Auge sowie den Sehnerv bestimmte Botenstoffe im Gehirn, was wiederum den Botenstoff Serotonin und die Tagesrhythmik vieler körperlicher Prozesse beeinflusst. Für die Licht-Hypothese spricht, dass bei dieser speziellen Form der Depression eine sogenannte Lichttherapie (siehe Seite 117) hilfreich sein kann. Neueren Untersuchungen zufolge könnte auch ein Vitamin-D-Mangel Auslöser einer Winterdepression sein. Denn Vitamin D kann der Körper nur bei ausreichender Sonneneinstrahlung selbst herstellen.

Statt viel Geld in ein Lichtgerät zu stecken, können Sie sich regelmäßig einen einstündigen Winterspaziergang bei Tageslicht angewöhnen. Selbst bei bedecktem Himmel entspricht der Lichteinfall im Freien immer noch dem eines entsprechenden Gerätes zuzüglich der Vorteile körperlicher Bewegung und der frischen Luft. Bei Depressionen, die nicht in die Gruppe der saisonal abhängigen Depressionen fallen, ist die Wirksamkeit der Lichttherapie nicht so gut belegt. Bei schwereren Winterdepressionen ist eine zusätzliche medikamentöse Behandlung erforderlich.

Begleitende Erkrankungen und Suizidalität

Wenn ein Betroffener nicht nur depressiv ist, sondern auch eine »handfeste« körperliche Erkrankung hat, besteht die Gefahr, dass die Depression übersehen oder nicht ernst genommen wird. Auch eine Depression selbst kann körperliche Beschwerden verursachen oder verstärken.

Körperliche Beschwerden

Psychiatrische Erkrankungen wie eben die Depression können sich auch in Form von körperlichen Beschwerden äußern, was Somatisierung (von griechisch Soma = Körper) genannt wird. Es bedeutet nicht, dass sich die Betroffenen die körperlichen Beschwerden einbilden oder diese vorspielen. Es sollte auch nicht unterstellt werden, dass die Betroffenen die körperlichen Beschwerden übertreiben oder an ihnen festhalten, um sich nicht mit den psychischen Problemen auseinandersetzen zu müssen. Richtiger ist meist, dass die depressive Erkrankung selbst zahlreiche körperliche Beschwerden verursacht und vorhandene körperliche Beschwerden verstärkt und unerträglich macht. Zum Beispiel kann die mit einer Depression häufig einhergehende Angst und Anspannung zu Spannungskopfschmerzen führen; Bettlägerigkeit und Bewegungsarmut können Verstopfungen oder Rückenschmerzen auslösen. Diese Beschwerden werden durch die Depression deutlich

> ## WISSEN
>
> ### Unerträgliche Ohrgeräusche
>
> Durch die Depression schlagen Empfindungen in Missempfindungen um. Die Steigerung des Missempfindens bei Depressionen zeigt sich beispielsweise sehr deutlich bei Patienten mit Ohrgeräuschen (»Tinnitus«). Diese Ohrgeräusche werden außerhalb der depressiven Episoden oft problemlos toleriert. Während der depressiven Episode werden die gleichen Geräusche als unerträglich erlebt, ohne dass sich an der Lautstärke der Ohrgeräusche etwas geändert hat. Wird die Depression erfolgreich behandelt, verlieren auch die Ohrgeräusche ihren quälenden Charakter.

intensiver und unangenehmer erlebt und von den Betroffenen als Ausdruck ihrer hoffnungslosen Situation interpretiert.

Dadurch verstärkt sich die ohnehin vorhandene Verzweiflung und ein Teufelskreis entsteht.

Zusätzliche körperliche Erkrankungen

Tritt eine Depression gleichzeitig mit anderen Erkrankungen auf, so besteht immer die Gefahr, dass die depressive Erkrankung übersehen oder lediglich als Folge der körperlichen Erkrankung aufgefasst und dann nicht konsequent behandelt wird. Da die Depression den Verlauf vieler Erkrankungen wie Diabetes mellitus oder Herzerkrankungen deutlich negativ beeinflusst und die Lebensqualität in besonderer Weise mitbestimmt, muss die Depression ernst genommen werden. Der negative Einfluss der Depression wird u. a. über die Antriebslosigkeit und Hoffnungslosigkeit vermittelt, die dazu führen, dass Behandlungsmöglichkeiten nicht genutzt werden, eine genau festgelegte Tabletteneinnahme als sinnlos angesehen wird oder die Energie und nötige Hoffnung fehlen, um eine Diät einzuhalten oder auf Nikotin und Alkohol zu verzichten. Dann kann die Depression den ganzen Körper

WISSEN

Wie körperliche Erkrankungen und Depressionen zusammenhängen können

Depressionen und körperliche Erkrankungen können auf ganz unterschiedliche Weise zusammenhängen:
- Bestimmte Ereignisse (z. B. »Stressoren«) oder Verhaltensweisen können sowohl die Depression als auch die körperliche Erkrankung verursachen.
- Körperliche Erkrankungen können durch die damit verbundenen psychischen Belastungen oder Hirnfunktionsänderungen zu einer Depression führen. Ein Beispiel sind Schilddrüsenunter- und -überfunktionen, die jeweils depressive Symptome verursachen können.
- Eine Depression führt zu Veränderungen nahezu aller Körperfunktionen (Blutdruckerhöhungen, schnellerer Herzschlag, Schlafstörungen, Appetitstörungen, Stressreaktionen etc.) und kann so körperliche Erkrankungen verursachen. Ein Beispiel sind Verstopfungen der Beinvenen (Beinvenenthrombosen) durch die Rückzugsneigung ins Bett und ungenügende Flüssigkeitszufuhr vor allem bei älteren depressiven Patienten.
- Depressionen und körperliche Erkrankungen können rein zufällig zusammen auftreten.

und den Heilungsprozess negativ beeinflussen. Depressionen werden gerade bei schweren körperlichen Erkrankungen leicht übersehen, da viele Beschwerden wie Antriebslosigkeit, Verdauungsprobleme oder Schlafstörungen sowohl Anzeichen der körperlichen als auch einer depressiven Erkrankung sein können. Im Folgenden wird auf einige Besonderheiten der Zusammenhänge zwischen Depression und häufig vorkommenden körperlichen Erkrankungen eingegangen.

Depressionen beeinträchtigen auch die Herzgesundheit

Über die Zusammenhänge von Depressionen und koronaren Herzerkrankungen (Sammelbegriff für alle Erkrankungen, denen eine Verkalkung der Herzkranzgefäße zugrunde liegt) liegen zahlreiche Untersuchungen vor. Depressionen wirken sich in zweierlei Hinsicht ungünstig auf die Herzgesundheit aus: Zum einen vergrößert eine Depression das Risiko einer späteren Herzerkrankung. Zum anderen beeinträchtigen depressive Erkrankungen den Heilungsprozess nach einem Herzinfarkt. Aus diesem Grund sollte die Depression in jedem Fall mitbehandelt werden.

Depressiv nach einem Schlaganfall

Depressionen nach einem Schlaganfall sind ein häufiges Phänomen. Die beiden Erkrankungen können sich auf verschiedene Weise gegenseitig beeinflussen. Gewebeveränderungen durch leichte und unentdeckt gebliebene Schlaganfälle können zu depressiven Krankheitszeichen führen. Gleichzeitig wurde zwischenzeitlich herausgefunden, dass depressive Menschen häufiger einen Schlaganfall erleiden. Mediziner erklären dieses Phänomen damit, dass depressive Erkrankungen eventuell die Gefäßverengung beschleunigen. Viele depressiv Erkrankte trinken zudem zu wenig. Diese Faktoren spielen vermutlich auch bei der Verbindung von Depressionen und Herzerkrankungen (siehe oben) eine Rolle. Patienten, die nach einem Schlaganfall eine Depression entwickeln, erholen sich wesentlich schwerer von den Folgen ihres Schlaganfalls: Die körperlichen und geistigen Leistungen bleiben schlechter, die Verweildauer in Kliniken ist länger und die Einweisungen in entsprechende Pflegeheime sind häufiger als bei vergleichbaren nichtdepressiven Patienten. Insofern ist es wichtig, dass vorhandene Depressionen in jedem Fall erkannt und psychotherapeutisch und/oder medikamentös behandelt werden.

wichtig

Aufgrund möglicher unerwünschter Wechselwirkungen von durchblutungsfördernden oder blutgerinnungshemmenden Medikamenten und Antidepressiva müssen diese sorgfältig ausgewählt werden.

Zuckerkrankheit plus Depression

Ein bis zwei Prozent der Bevölkerung sind Diabetiker. Damit zählt der Diabetes mel-

> ## WISSEN
>
> ### Können Depressionen Krebs verursachen?
>
> In den Medien wurde immer wieder diskutiert, inwiefern eine Depression selbst einen Risikofaktor für eine Krebserkrankung darstellen kann. Langzeitstudien ergaben hier jedoch, dass Depressionen bei körperlich gesunden Menschen nach 10 bis 20 Jahren so gut wie keinen Vorhersagewert für eine Krebserkrankung besaßen. Auch für Depressionen, die in enger Verbindung mit einem negativen Ereignis (wie beispielsweise dem Tod des Partners) standen, konnte kein Zusammenhang mit Tumorerkrankungen gefunden werden.

litus – auch Zuckerkrankheit genannt – zu den häufigsten chronischen Erkrankungen. Unterschieden wird ein insulinabhängiger Typus (Typ 1) und ein häufig durch Übergewicht ausgelöster nicht insulinabhängiger Typus (Typ 2). Während Menschen mit bekanntem Typ-1-Diabetes häufiger an Depressionen erkranken, ist andersherum eine bereits vorhandene Depression ein Risikofaktor für das Auftreten eines Typ-2-Diabetes.

Depressionen können sich auf verschiedene Weise ungünstig auf die Regulation des Blutzuckerspiegels auswirken. Zum einen fällt es Patienten mit mittleren und schweren Depressionen schwerer, sich an die Ernährungsvorschriften zu halten und ihre »Antidiabetika« (zur Behandlung des Typ-2-Diabetes) regelmäßig einzunehmen. Zum anderen führen Depressionssymptome wie Antriebslosigkeit oder Hoffnungslosigkeit oft zu Verhaltensweisen, die den Blutzuckerspiegel zusätzlich belasten: Die Betroffenen bewegen sich zu wenig oder steigern ihren Alkohol-, Tabletten- oder Nikotinkonsum. Auch vor diesem Hintergrund ist eine professionelle und konsequente Depressionsbehandlung sehr zu empfehlen.

Wenn Krebs depressiv macht

Trotz bemerkenswerter medizinischer Fortschritte stellt die »Diagnose Krebs« nach wie vor eine massive Belastung und existenzielle Bedrohung für die Betroffenen dar. Angst vor drohenden Schmerzen, körperlichen Beeinträchtigungen und Entstellungen, befürchtete Abhängigkeit von Ärzten und der Familie, ein als bedrohlich empfundener Verlust des beruflichen Status sowie verstärkte Angst vor dem Tod sind häufige und verständliche emotionale Reaktionen auf die Diagnose. Trotzdem entwickelt die Mehrzahl der Betroffenen keine eigenständige und behandlungsbedürftige depressive Erkrankung.

Kommt es jedoch zu einer depressiven Erkrankung, so wird diese häufig übersehen und als eine normale Reaktion auf die schwierige Lebenssituation fehlinterpretiert. Hinzu kommt, dass die Betroffenen aufgrund ihrer Krankheit und den Behandlungsfolgen unter zahlreichen körperlichen Beschwerden leiden, die auch auf eine Depression hinweisen könnten – wie beispielsweise Müdigkeit, Antriebsschwäche oder Appetitlosigkeit (Gewichtsabnahme). Dies erschwert die Diagnose der Depression.

Zwar beeinflusst eine zusätzliche depressive Störung Untersuchungen zufolge nicht die Lebenserwartung des Betroffenen – dafür aber zutiefst die ohnehin schon beeinträchtigte Lebensqualität. Umso wichtiger ist es deshalb, dass Depressionen möglichst frühzeitig erkannt und professionell behandelt werden.

Begleitende psychische Erkrankungen

Außer bei den oben aufgeführten körperlichen Erkrankungen treten begleitende depressive Syndrome (Symptommuster) auch bei einer Reihe anderer psychiatrischer Erkrankungen gehäuft auf. Besonders häufig ist die Komorbidität – also das gleichzeitige Bestehen zweier oder mehrerer Erkrankungen – von Depressionen und Angst- bzw. Panikstörungen. Auch bestehende Abhängigkeiten von Substanzen wie Alkohol, Medikamenten oder Drogen kommen oft zusammen mit Depressionen vor. In diesem Fall kann die Abhängigkeitserkrankung sowohl eine Folge der Depression sein (»primäre Depression«) als auch der Depression vorausgehen und diese mit beeinflussen (»sekundäre Depression«). Beide Erkrankungen können zudem auch ganz zufällig zusammen auftreten.

Angsterkrankungen

Diese zählen neben Depressionen zu den häufigsten psychischen Störungen. Zu den Angsterkrankungen gehören zum Beispiel

- die Panikstörungen (plötzlich und wiederkehrend auftretende Todesängste),
- die Phobien – starke und an der Gefährlichkeit gemessen unbegründete Furcht vor bestimmten Dingen (z. B. Spinnen),
- die Agoraphobie – Ängste vor bestimmten Situationen (z. B. U-Bahnfahren, Aufenthalt auf offenen Plätzen oder in Menschenmengen) oder
- die generalisierten Angststörungen (allgemein und dauerhaft vorhandene Ängste und Sorgen).

Untersuchungen zufolge treten derartige Angsterkrankungen und depressive Erkrankungen überdurchschnittlich häufig zusammen auf, und nicht immer ist die diagnostische Abgrenzung einfach. So leiden depressive Patienten häufig bereits im Rahmen der depressiven Episode unter Angstsymptomen wie allgemeine Ängstlichkeit, Besorgtheit oder innerer Unruhe – ohne deshalb zusätzlich eine Angstkrankung aufzuweisen. Eine depressiv Erkrankte mit zusätzlichen Ängsten beschreibt ihren Zustand so: »Ich kann gar nicht sagen, wovor ich Angst habe. Alles macht mir Angst: Das Aufstehen, das Frühstücken, der ganze lange Tag, die Zukunft. Die Angst ist immer da. Am liebsten möchte ich die Bettdecke über mich ziehen und mich verkriechen.« Klingt die Depression ab, so verschwinden in diesem Fall auch die Ängste. Anders jedoch, wenn es sich um eine von der Depression unabhängige Angststörung handelt, die dann oft bereits vor dem Auftreten der Depression bestand und nach Abklingen der depressiven Episode weiterbestehen kann.

Dunkler Begleiter: Suizidalität

Nahezu alle Patienten mit schweren Depressionen kennen Suizidgedanken und -impulse (Suizid = lateinisch Selbsttötung). Die Suizidalität ist Teil des Krankheitsbildes und macht die Depression oft zu einer lebensbedrohlichen Krankheit. Bedingt durch das große Leiden und das Gefühl der Hoffnungslosigkeit entwickeln Erkrankte den Wunsch, nicht mehr da zu sein, einzuschlafen und nicht mehr aufzuwachen, um dem als unerträglich empfundenen Zustand zu entkommen. Manche beginnen in ihrer Verzweiflung Suizidpläne zu machen, andere berichten, erschrocken vor sich selbst, dass sich ihnen derartige suizidale Gedanken förmlich aufdrängen.

In Deutschland gibt es jährlich mehr als 10 000 Suizide. Zahlreiche Studien haben gezeigt, dass über 90 Prozent der Suizide im Rahmen psychiatrischer Erkrankungen und am häufigsten im Rahmen schwerer Depressionen erfolgen. Zusätzlich zu den 10 000 Suiziden erfolgen etwa zehnmal so viele Suizidversuche. Das höchste Suizidrisiko tragen ältere Männer, dagegen ist die Suizidversuchsrate bei jungen Frauen am höchsten. Ein Großteil dieser suizidalen Handlungen könnte durch eine konsequentere Behandlung verhindert werden. Mit einer erfolgreichen Depressionsbehandlung verschwindet auch immer die Suizidalität.

Falls Sie von derartigen Suizidgedanken oder gar -impulsen gequält werden, so sprechen Sie bitte offen mit Ihrem Arzt oder Ihrem nächsten Angehörigen darüber und lassen Sie sich helfen. Sie sollten

> ## WISSEN
>
> ### Kann Lithium Suizide verhindern?
>
> Lange Zeit ist diskutiert worden, ob das oft zur Rückfallverhütung depressiver und manischer Phasen eingesetzte Lithium auch die Suizidalität reduzieren kann. Inzwischen gibt es recht überzeugende Belege dafür, dass mit Lithium behandelte Patienten deutlich weniger Suizide begehen als Patienten, die nicht mit Lithium oder mit anderen Medikamenten zur Rückfallverhütung behandelt werden.

dann gemeinsam mit Ihrem Arzt und Ihren Angehörigen überlegen, wie Sie eine aus der Verzweiflung resultierende Kurzschlusshandlung verhindern können. Sobald die Depression unter der Behandlung abgeklungen ist, werden Sie das Leben wieder genießen und wieder den Mut und die Kraft haben, die bestehenden Probleme zu bewältigen. Und Ihre Lebensfreude wird zurückkehren. Sie werden dann kaum mehr nachvollziehen können, warum Sie sich im Banne der Erkrankung mit Suizidgedanken getragen haben. Suizid ist etwas Endgültiges, Depression aber etwas Vorübergehendes!

Bündnisse gegen Depression und Suizidalität

Unter dem Dach der »Stiftung Deutsche Depressionshilfe« haben sich inzwischen über 70 regionale Bündnisse im Kampf gegen Depression und Suizidalität zusammengeschlossen. Ziel dieser Bündnisse ist es, in der jeweiligen Region durch Informationsveranstaltungen, Beratungsangebote, Schulungen, Förderung von Selbsthilfeaktivitäten und Öffentlichkeitsarbeit die Versorgung depressiv Erkrankter zu verbessern.

In Nürnberg wurde im Januar 2001 – als Modellprojekt des Kompetenznetzes Depression – das »Nürnberger Bündnis gegen Depression« gestartet. Im Rahmen eines zweijährigen Interventionsprogramms – mit dem Ziel der besseren Versorgung depressiver Patienten – wurden Hausärzte zum Thema Depressionen fortgebildet, eine breite öffentliche Kampagne realisiert sowie mit Lehrern, Pfarrern und Pflegekräften kooperiert und Selbsthilfeaktivitäten gefördert. Im Verlauf des Interventionsprogramms kam es zu einer Abnahme der Suizidversuche um 26 Prozent gegenüber dem Vorjahr. Dies ist ein deutlicher Beleg dafür, dass durch eine verbesserte Depressionsbehandlung Suizidversuche verhindert werden können. Diese vielversprechenden Ergebnisse führten dazu, dass das Interventionskonzept seit dem Ende der offiziellen Phase des Studienprojekts von inzwischen mehr als 100 Regionen in Europa übernommen worden ist (weitere Informationen unter: www.deutsche-depressionshilfe.de).

Ihr Notfallplan in Krisensituationen

Überlegen Sie ganz konkret, wen Sie in einer verzweifelten Situation kontaktieren können. Gibt es einen nahen Angehörigen oder guten Freund, der Ihnen in kritischen Phasen beisteht? Bitte besprechen Sie mit Ihrem Arzt oder Ihren Angehörigen, wie in solchen Phasen sichergestellt werden kann, dass Sie nicht alleine sind.

Legen Sie sich die entsprechenden Telefonnummern für einen eventuellen Notfall bereit. Darüber hinaus stehen rund um die Uhr – auch nachts – Krisentelefone zur Verfügung. Ein Beispiel ist die Telefonseelsorge. Unter der kostenfreien Nummer 0800/111 01 11 oder 0800/111 02 22 beraten hier 24 Stunden am Tag krisengeschulte Menschen. Vielleicht hilft es Ihnen, einer Person Ihres Vertrauens das feste Versprechen zu geben, dass Sie sich nichts antun werden. Manche depressive Patienten schließen mit ihrem behandelnden Arzt einen Anti-Suizid-Pakt. Dieser kann für manche Betroffene eine Stütze in Situationen sein, in denen Ihnen Ihr Leben aufgrund der Erkrankung aussichtslos und hoffnungslos erscheint.

Wie können Angehörige helfen?

Befindet sich ein Familienmitglied oder ein enger Freund in einer akuten Krise, wird er vermutlich emotional stark aufgewühlt und vernünftigen Argumenten nur begrenzt zugänglich sein. Versuchen Sie, ruhig zu bleiben und vielleicht erlebte eigene Kränkungen und Ängste in den Hintergrund zu stellen. Vermitteln Sie dem Betroffenen, dass Sie für ihn da sind und so lange, wie es nötig ist, auch da bleiben. Versuchen Sie, sich ein Bild zu machen, wie gefährdet der Erkrankte ist, und machen Sie gegebenenfalls deutlich, dass Sie sich große Sorge machen. Haben Sie den Eindruck, dass die Situation bedrohlich ist, dann sollte Sie nicht zögern, professionelle Hilfe zu holen, wenn nötig auch über den Rettungsdienst oder die Polizei. Besteht nach Ihrer Einschätzung keine akute Gefährdung, aber eine Behandlungsbedürftigkeit, dann sollten Sie eventuell den behandelnden Arzt kontaktieren oder dem Betroffenen helfen, einen Termin bei einem Facharzt oder Psychotherapeuten zu vereinbaren.

Klinikaufenthalt

Bei sehr stark ausgeprägter Suizidalität ist eine stationäre Behandlung erforderlich. Nur so kann möglichst rasch und konsequent geholfen werden und eine tragische suizidale Handlung vermieden werden. Gerade schwer depressive Menschen stecken in einer derart tiefen Hoffnungslosigkeit, dass sie

Ihr Notfallplan in Krisensituationen

eine stationäre Behandlung eher negativ interpretieren und darin keinen Ausweg sehen. Trotzdem kann eine stationäre Behandlung sinnvoll sein.

In dem qualvollen Zustand einer Depression mit Suizidalität ist manchmal auch eine Überbrückung der Krisensituation mit Beruhigungsmitteln sinnvoll. Hierdurch können die Verzweiflung und die Angst etwas reduziert und der unerträgliche Druck verringert werden. Beruhigungsmittel (ein typischer Vertreter ist Valium) wirken sehr schnell und können die Zeit bis zum Eintritt der Wirkung der Antidepressiva überbrücken. Sie sollten aber nur wenige Tage gegeben werden, da sie nicht direkt gegen die Depression, sondern nur gegen einzelne Symptome wie Angst und Unruhe wirken und zudem abhängig machen können.

Eine wahnhafte Depression (siehe Seite 13) ist immer eine Notfallsituation, in der in der Regel eine stationär-psychiatrische Behandlung dringend nötig ist.

> **AUF EINEN BLICK**
>
> **Hier finden Sie sofort Hilfe im Notfall**
>
> Telefonseelsorge:
> 0800 111 01 01 11/0800 111 02 02 22
> Auf der folgenden Seite finden Sie die richtigen Ansprechpartner in Ihrer Region:
> http://www.buendnis-depression.de/depression/regionale-angebote.php

Warum habe ich eine Depression?

Grübeln Sie über die Ursachen Ihrer Depression oder geben Sie sich vielleicht selbst die Schuld daran? Dann wäre das verständlich, weil Grübelneigung und Schuldgefühle Depressionssymptome sind – weiterbringen tut Sie das aber nicht! Denn die Depression ist eine Erkrankung, die – genau wie andere Krankheiten auch – nichts mit eigenem Verschulden zu tun hat, sondern vielfältige körperliche und psychosoziale Ursachen haben kann.

Körper und Seele sind beteiligt

Wie bei einer Medaille mit zwei Seiten kann man bei jedem depressiv erkrankten Menschen zwei Seiten betrachten:

Zum einen kann das Verhalten und die psychosoziale Situation betrachtet werden, das heißt seine Erfahrungen, sein Umgang mit seinen Mitmenschen, die gesamte Lebenssituation und Biografie. Oft finden sich hier Faktoren wie Traumatisierungen oder Missbrauchserlebnisse in frühen Lebensphasen, die das Risiko, später zu erkranken, erhöhen. Weiter finden sich oft aktuelle Verlusterlebnisse, Überlastungssituationen, aber auch positive Lebensveränderungen (wie beispielsweise ein längerer Urlaub oder eine bestandene Prüfung), die als Auslöser der depressiven Episode wirken können. Durch eine Psychotherapie kann auf dieser Ebene helfend eingegriffen werden.

Die zweite Seite der Medaille ist die physiologische Ebene, das heißt Veränderungen im Körper und insbesondere neurobiologische Veränderungen im Gehirn. Hierzu zählen erworbene oder genetisch bedingte Faktoren, die das Risiko zu erkranken beeinflussen, und aktuelle Veränderungen in den Stresshormonen oder Ungleichgewichte in anderen Botenstoffen im Gehirn, die mit der Depression einhergehen. Durch Medikamente kann direkt auf diese neurobiologischen Ungleichgewichte eingewirkt werden.

Diese beiden Erklärungsebenen – die psychosoziale und die physiologische – konkurrieren nicht miteinander. Das heißt, eine Depression ist nicht entweder psychologisch oder neurobiologisch bedingt, sondern es handelt sich hier um komplementäre (sich ergänzende) Sichtweisen – wie die zwei Seiten einer Medaille. Auf den folgenden Seiten werden zunächst neurobiologische und dann einige psychologische Erklärungsansätze der Depression skizziert.

DEPRESSION VERSTEHEN

▲ Genauso wie körperliche und psychosoziale Aspekte in die Depression hineinführen, helfen oft Medikamente plus Psychotherapie wieder hinaus.

Was passiert im Gehirn?

Ob Gehen, Laufen oder Sprechen – jedes Verhalten wird durch die Aktivität über die Nervenfasern unseres Gehirns gesteuert. Auch Wahrnehmung, Gefühle und Denken hängen von der Funktion unserer Nervenzellen im Gehirn ab. Sobald wir die Aktivität dieser Nervenzellen direkt beeinflussen, zum Beispiel durch den Genuss von Alkohol, verändert sich auch unser Verhalten und Erleben. Durch winzige Mengen von Drogen kann kurzfristig ein intensives Glücksgefühl ausgelöst werden. Auch durch das Hören einer anregenden Melodie, beim Betrachten bestimmter Farben oder einer schönen Landschaft ändern sich unsere Hirnfunktion und unsere Stimmung.

Die rund 100 Milliarden Nervenzellen des Gehirns leiten ihre Aktivität wie elektrische Kabel bis in alle Verzweigungen ihrer Nervenenden durch elektrische Impulse fort. Zwischen den Nervenzellen besteht jedoch keine direkte Verbindung. Um die Impulse zur nächsten Nervenzelle weiterleiten zu können, müssen die Nervenzellen deshalb sogenannte Botenstoffe herstellen. Diese Botenstoffe werden an knopfartigen Ausstülpungen der Nervenfasern (»Synapsen«) in den Zwischenraum zwischen den Nervenzellen (»synaptischer Spalt) ausgeschüttet. Die freigesetzten Botenstoffe gelangen zur angrenzenden Nervenzelle, wo sie sich an bestimmten Kontaktstellen (»Rezeptoren«) anlagern und über unterschiedlichste Wege ihre Wirkung, beispielsweise eine Aktivierung der nachfolgenden Nervenzelle, entfalten. Erreicht ein elektrischer Impuls über die Nervenfasern die Synapsen, so werden portionsweise derartige chemische Botenstoffe (Neurotransmitter) in den synaptischen Spalt abgegeben.

Es gibt zahlreiche Botenstoffe im Gehirn, die einen modulierenden Einfluss auf die Gesamtfunktion des Gehirns ausüben. Eines davon ist das Serotonin-System, das in Verbindung mit Depression immer wieder diskutiert wird. Das Serotonin-System ist eines der ältesten Systeme im Nervensystem. Hier wirkt eine relativ kleine Zahl von Nervenzellen regulierend auf eine Vielzahl von Hirnfunktionen. Denn die Serotonin produzierenden Zellen (serotonerge Nervenzellen) schicken – wie die Wurzeln eines Baumes – lange Zellausläufer in viele Bereiche des Gehirns. Man nimmt an, dass eine Funktionsstörung des Serotonin-Systems einen Zusammenhang mit Depressionen und Angststörungen aufweist.

Wie funktioniert der Botenstoff Serotonin?

Wie der Botenstoff Serotonin im Gehirn ausgeschüttet wird, soll die nebenstehende Abbildung verdeutlichen. Hier ist schematisch eine sogenannte Synapse abgebildet, also die Verbindungsstelle zweier Nervenzellen. Nervenzellen leiten Impulse weiter wie elektrische Stromkabel. Nur beim Übergang des Impulses von einer Zelle zur anderen wird ein Botenstoff – in diesem Falle Serotonin – zwischengeschaltet, der die Information weiterträgt.

Elektrischer Nervenimpuls (1). Ein elektrischer Nervenimpuls einer serotonergen Nervenzelle kommt an einer der zahlreichen Verbindungsstellen zu anderen Nervenzellen an. Dadurch wird der in kleinen Bläschen gelagerte Botenstoff Serotonin in den synaptischen Spalt ausgeschüttet.

Ausschüttung in den Spalt (2). Das Serotonin wandert zur nachgeschalteten Zelle und dockt an die dafür vorgesehenen Bindungsstellen (die Serotoninrezeptoren) an und aktiviert diese.

Bindung an Rezeptoren (3). Die durch Serotonin aktivierten Rezeptoren schicken nun ihrerseits ein Regulationssignal an ihre Zelle. Dabei wird die Zelle entweder direkt dazu veranlasst, einen elektrischen Impuls weiterzuleiten, oder sie wird lediglich in ihrer Aktivität moduliert. Serotonerge Nervenzellen dienen nicht der exakten Impulsweiterleitung, sondern sie modulieren vielmehr die Hirnfunktionen. Dabei haben einige Serotoninrezeptor-Typen eher eine hemmende und andere eher eine aktivierende Wirkung. Je nachdem welcher Serotoninrezeptor-Typ auf der nachgeschalteten Zelle sitzt, wird diese also durch den Botenstoff Serotonin in ihrer Aktivität eher gedämpft

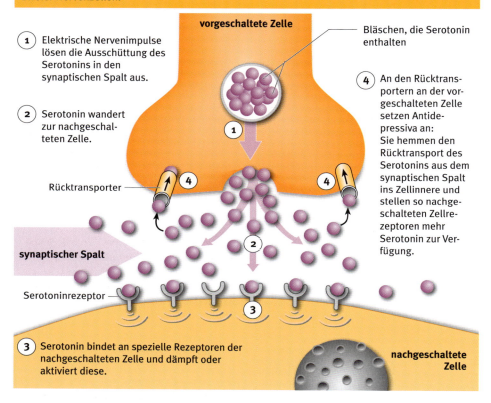

▲ Im synaptischen Spalt werden Botenstoffe wie Serotonin aus der vorgeschalteten Zelle freigesetzt. Antidepressiva hemmen sog. Rücktransporter und verstärken so die Serotonin-Wirkung.

oder gefördert. Diese Regulationssignale veranlassen die Zelle beispielsweise dazu bestimmte Zellbausteine zu produzieren.

Wiederaufnahme (4). Rücktransporter pumpen das Serotonin aus dem synaptischen Spalt zurück ins Zellinnere der vorgeschalteten Zelle und begrenzen so die Wirkungszeit und die Wirkungsmenge des ausgetretenen Botenstoffs. Hier greifen Antidepressiva – wie die SSRI (selektive Serotonin-Wiederaufnahme-Hemmer) – ein, denn sie blockieren diesen Rücktransporter und verhindern damit, dass der Botenstoff zu schnell aus dem synaptischen Spalt entfernt wird. So steht mehr Serotonin an den Rezeptoren zur Verfügung, und die Serotoninwirkung wird verstärkt.

Welche Rolle spielen Serotonin und Noradrenalin?

Für die Entstehung und Aufrechterhaltung einer Depression sind das gerade vorgestellte Serotonin und ein weiterer Botenstoff namens Noradrenalin wichtig. Die Nervenzellen, die diese speziellen Botenstoffe herstellen, liegen als Zellhaufen im Hirnstamm. Insgesamt sind es nur wenige Hunderttausend Nervenzellen – eine im Vergleich zu den 100 Milliarden Nervenzellen im Gehirn – recht kleine Anzahl. Sie besitzen aber extrem lange Ausläufer (»Axone«), die durch das gesamte Gehirn ziehen, sich tausendfach verzweigen und über Synapsen mit zigtausend anderen Nervenzellen Kontakt aufnehmen. Auf diese Weise entfalten diese den Botenstoff Serotonin produzierenden und freisetzenden Neurone eine große, eher global-modulierende Wirkung auf die Hirnfunktion, sind jedoch für eine exakte und rasche Signalübermittlung weniger gut geeignet. Dies gilt auch für die Neurone, die den Botenstoff Noradrenalin produzieren und freisetzen.

Serotonin und Noradrenalin sind deswegen von besonderem Interesse, weil so gut wie alle antidepressiv wirkenden Medikamente diese beiden Botenstoffe beeinflussen. Dies legt den Gedanken nahe, dass bei einer Depression die Funktionsfähigkeit der Nervenzellen, die Serotonin und Noradrenalin produzieren, beeinträchtigt ist. Hierbei ist zu bedenken, dass diese beiden Systeme wiederum mit zahlreichen weiteren neurochemischen Systemen des Gehirns in äußerst komplizierter Weise in Wechselwirkung treten. So reduzieren beispielsweise die SSRI, obwohl sie sehr gezielt die Wiederaufnahme von Serotonin hemmen, indirekt die Feuerrate der noradrenergen Neurone im Hirnstamm.

Von einem Serotoninmangel oder Noradrenalinmangel als Ursache der Depression zu sprechen, ist deshalb nicht zulässig. Einige Behandler bieten ihren Patienten sogar eine Bestimmung ihres »Serotoninspiegels« zur Diagnosestellung oder zur Begründung einer antidepressiven Behandlung an. Das ist schlicht unseriös, nicht nur, weil die genaue Rolle dieser Systeme in der Entstehung der Depression unbekannt ist, sondern auch weil die Konzentration des Serotonins oder Noradrenalins im Gehirn des Menschen oder gar in bestimmten Gehirnregionen nicht direkt gemessen und aus dem Blut in keiner Weise abgeleitet werden kann.

Unser Gehirn ist ein ebenso faszinierendes wie äußerst komplexes Organ. Alle zurzeit diskutierten Erklärungsansätze liefern bisher keine überzeugende Erklärung der Ursachen einer depressiven Erkrankung. Es gibt aber Grund zur Hoffnung, dass sich dies in Zukunft ändern wird und wir damit auch Wege zu einer gezielteren Behandlung finden werden. Schon die Tatsache, dass allein ein Schlafentzug (siehe Seite 111) bei ca. 60 Prozent der Betroffenen zu einem schlagartigen (wenn auch nur vorübergehenden) Abklingen der Depression führt, weist auf das Vorliegen umschriebener Krankheitsmechanismen hin und stimmt optimistisch, dass diese aufgeklärt werden.

Können Depressionen vererbt werden?

Gut belegt ist, dass bei der Entstehung einer Depression eine entsprechende genetische Veranlagung eine Rolle spielen kann. Das heißt, Menschen, bei denen nahe Angehörige (wie Mutter, Vater oder Geschwister) erkrankt sind, haben ein höheres Risiko, selbst depressiv zu werden. Aber was bedeutet diese genetische Veranlagung konkret?

Unsere genetische Ausstattung beeinflusst unsere Körpergröße, Augenfarbe, Persönlichkeit, die Lebenserwartung und auch, ob wir leicht Grippe oder Gefäßkrankheiten bekommen. Daher ist es nicht verwunderlich, dass auch bei Depressionen genetische Faktoren eine Rolle spielen. Sie beeinflussen unter anderem die Empfindlichkeit (»Vulnerabilität«), unter bestimmten Bedingungen an einer Depression zu erkranken.

In Familienuntersuchungen konnte gezeigt werden, dass die Wahrscheinlichkeit, im Laufe des Lebens an einer Depression zu erkranken, für eine Person um das Dreifache erhöht ist, wenn die Eltern oder Geschwister an einer Depression erkrankt sind.

Zwillingsstudien sprechen für eine genetische Veranlagung

Es wäre jedoch denkbar, dass dieser Effekt nicht durch die Gene, sondern durch Umweltfaktoren wie z. B. die Atmosphäre innerhalb der Familie oder eine schwierige finanzielle Situation bedingt ist. Zwillingsuntersuchungen ergaben jedoch, dass bei Erkrankung eines eineiigen Zwillings der andere deutlich häufiger ebenfalls erkrankt ist. Bei zweieiigen Zwillin-

> ## WISSEN
> ### Wie funktioniert Vererbung?
> Jeder Mensch erhält durch die mütterliche Eizelle und das väterliche Spermium 46 Chromosomen, die jeweils aus mehreren Zehntausend Genen bestehen. Diese Gene sind die Träger der genetischen Information in jeder Zelle. Bei blutsverwandten Familienmitgliedern ist die durchschnittliche Anzahl der gemeinsamen Gene bekannt: So haben Geschwister zu 50 Prozent die gleichen Gene – Großeltern und Enkel dagegen nur zu rund 25 Prozent. Besonders interessant für die Untersuchung genetischer Veranlagungen sind Zwillinge: Eineiige Zwillinge entwickeln sich aus einem einzigen befruchteten Ei und sind damit genetisch identisch. Zweieiige Zwillinge stammen dagegen aus zwei verschiedenen Eiern und besitzen somit ein nur zu 50 Prozent identisches Erbgut – wie normale Geschwister auch.

gen ist das Erkrankungsrisiko ebenfalls etwas erhöht, wie auch bei anderen Menschen mit einem erkrankten Bruder oder einer erkrankten Schwester, bei Weitem jedoch nicht so deutlich wie bei eineiigen Zwillingen. Hat einer der Zwillinge eine Depression, so ist bei zweieiigen Zwillingen in 18 bis 20 Prozent der Fälle, bei eineiigen Zwillingen dagegen in 35 bis 42 Prozent der Fälle der andere ebenfalls betroffen.

Noch deutlicher ist der Unterschied zwischen eineiigen und zweieiigen Zwillingen bei der bipolaren affektiven Erkrankung. Bei dieser Erkrankung wechseln sich depressive Phasen mit manischen Phasen ab. Hier sind bei zweieiigen Zwillingen in 5 bis 8 Prozent der Fälle beide Geschwister erkrankt, bei eineiigen Zwillingen dagegen in 50 bis 61 Prozent. Eineiige Zwillinge besitzen die gleichen Gene, während bei zweieiigen Zwillingen die genetische Ähnlichkeit wie bei normalen Geschwistern ist.

Sowohl bei den ein- als auch zweieiigen Zwillingen kann man davon ausgehen, dass die Umweltfaktoren (z. B. häusliche Umgebung, Familienatmosphäre) ziemlich ähnlich sind, sodass das höhere Erkrankungsrisiko der eineiigen Zwillinge mit einiger Wahrscheinlichkeit auf genetische Faktoren zurückzuführen ist.

Im Rahmen sogenannter Adoptionsstudien wird untersucht, ob Kinder depressiv erkrankter Eltern auch dann ein erhöhtes Erkrankungsrisiko tragen, wenn sie bereits sehr früh durch Adoption in eine andere Familie kommen. Außerdem wird das Depressionsrisiko für die Kinder ermittelt, wenn die Adoptiveltern an einer Depression erkrankt sind. Es liegen hierzu nur wenige Studien vor. Diese sprechen jedoch eher dafür, dass das Erkrankungsrisiko adoptierter Kinder in erster Linie von der Depressionsbelastung der biologischen und nicht der Adoptiveltern abhängt.

Insgesamt besteht kein Zweifel daran, dass die Depression auch von genetischen Faktoren abhängt. Gleichzeitig zeigt die Tatsache, dass bei eineiigen Zwillingen trotz identischer genetischer Ausstattung in 58 bis 65 Prozent der Fälle nur einer der beiden an einer unipolaren Depression erkrankt, dass die Genetik natürlich nicht der einzig entscheidende Faktor ist.

wichtig

Die Gene legen die Bereitschaft eines Menschen fest, unter bestimmten Bedingungen depressiv zu werden. Personen mit erkrankten Angehörigen haben ein erhöhtes Risiko, selbst zu erkranken.

Über welche Gene, Genmuster und Gen-Umwelt-Interaktionen diese erhöhte Erkrankungswahrscheinlichkeit vermittelt wird, ist bislang allerdings nicht bekannt.

Ein einzelnes »Depressionsgen« gibt es nicht

Einige Erkrankungen sind durch die Veränderung eines einzelnen Gens bedingt.

Für die Depression kann das ausgeschlossen werden. Gäbe es ein einzelnes »Depressionsgen«, so wäre dieses längst entdeckt worden. Es ist davon auszugehen, dass die große Mehrheit der depressiven Patienten über mehrere, möglicherweise untereinander und mit Umweltfaktoren zusammenwirkende Gene verfügt, die für die erhöhte Anfälligkeit (»Vulnerabilität«) hinsichtlich depressiver Störungen verantwortlich sind. Hier können sich zahlreiche Wechselwirkungen zwischen Genen und Umwelt ergeben. Zum Beispiel lösen bestimmte psychische Belastungen nur dann eine depressive Episode aus, wenn eine bestimmte genetisch bedingte Empfindlichkeit vorliegt. Bei hoher Empfindlichkeit tritt eine depressive Episode auch ohne nennenswerte äußere Auslöser auf.

Macht Stress depressiv?

Die Vorstellung, dass Stress zu Depression führt, ist weit verbreitet und wird in den Medien immer wieder ausführlich diskutiert. Oft entsteht dabei der Eindruck, dass eine stressige Lebensweise die Hauptursache einer sich daraufhin entwickelnden Depression ist. Dieser Zusammenhang ist aber viel weniger gut belegt als angenommen und wird vermutlich oft überschätzt. Depressionen sind in Bereichen mit hohem Leistungsdruck nicht häufiger als in anderen. Es gibt auch viele Depressionen, denen kein Stress vorausgegangen ist. Da die Depression selbst einen äußerst stresshaften Zustand darstellt und immer mit dem Gefühl der Überforderung und tiefer Erschöpfung einhergeht, werden berufstätige Menschen dazu neigen, die Arbeit als Ursache anzusehen, obwohl diese vielleicht gar keine wichtige Rolle spielt. Bei der Suche nach äußeren Ursachen ist deshalb Vorsicht angezeigt, damit nicht falsche Konsequenzen gezogen werden, z. B. ein Arbeitswechsel angestrebt wird, ohne dass die Arbeitssituation wirklich eine ursächliche Rolle spielt. Zu bedenken ist auch, dass Arbeit meist eine Schutzfunktion hinsichtlich psychischer Störungen hat durch die damit verbundene Tagestruktur, Aktivierung und sozialen Kontakte. Berufstätige erkranken nicht häufiger an Depressionen als Rentner, Nichtberufstätige oder Arbeitslose.

Richtig ist aber auch, dass Stress – im Sinne von übermäßigen Belastungen am Arbeitsplatz oder auch im Privatleben – bei manchen Patienten, die eine Veranlagung zu Depressionen haben, als Auslöser einer depressiven Episode wirken kann. Insofern und auch weil Depression immer ein stresshafter Zustand ist, ist es von Interesse zu untersuchen, was im Körper bei Stress passiert.

Fühlen Sie sich häufig gestresst?

Stress entsteht dann, wenn Sie sich von einer bestimmten Situation überfordert fühlen und nicht wissen, wie Sie diese mit den Ihnen zur Verfügung stehenden Möglichkeiten bewältigen können. Dabei werden stressige Situationen von Mensch zu Mensch ganz unterschiedlich wahrgenommen und bewertet. Die gleichen Lebensereignisse führen zu verschiedenen Einschätzungen und damit auch zu verschiedenen Reaktionen: Während der eine den Umzug in eine fremde Stadt als eine angenehme Abwechslung betrachtet, fühlt sich ein anderer durch diesen Schritt hochgradig unter Stress gesetzt. Einige Menschen reagieren sehr stark auf Stress und fühlen sich oft und schnell gestresst, andere dagegen nur selten.

Aber auch Ereignisse, die übereinstimmend als belastend erlebt werden, wie etwa der Verlust des Arbeitsplatzes oder eine nicht bestandene Prüfung, lösen ein ganz unterschiedliches Stressempfinden aus. Entscheidend ist hier unter anderem, wie die eigenen Bewältigungsmöglichkeiten gesehen, bewertet und eingesetzt werden. Und zwar sowohl zur Lösung des konkreten Problems als auch zur Bewältigung der mit der Situation einhergehenden negativen Gefühle wie Hilflosigkeit, Trauer oder Verzweiflung.

Was bewirkt Stress in unserem Körper?

In Stresssituationen kommt es zu einer ganzen Reihe komplexer Reaktionen in unserem Körper: An einer bestimmten Stelle unseres Gehirns – in einem Teil des Zwischenhirns (Hypothalamus) – wird ein bestimmtes Hormon, das »Kortikotropin-Releasing-Hormon« (CRH), freigesetzt. Dieses wandert zur Hirnanhangdrüse (Hypophyse) und stimuliert dort die Freisetzung eines weiteren Hormons, des »Adrenokortikotropins« (ACTH). ACTH bewirkt nun die Ausschüttung des Stresshormons Kortisol aus der Rinde der Nebenniere. Diese Reaktionskaskade wird auch als Stresshormonachse bezeichnet.

Mit dem Kortisolanstieg im Blut ist eine Reihe körperlicher Reaktionen, wie erhöhter Herzschlag und Muskelanspannung, verbunden, die bei der Bewältigung der bedrohlichen Situation helfen sollen. Gleichzeitig werden aber die Magen-Darm-Aktivität und das Immunsystem beeinflusst. Sobald genügend Kortisol zur Verfügung steht, stellt der Körper die CRH-Produktion normalerweise wieder ein. Nur in bestimmten Ausnahmesituationen – wie einer Infektionserkrankung oder eben bei einer depressiven Erkrankung – bleibt die Kortisolproduktion bei manchen Betroffenen dauerhaft erhöht.

Erhöhter Kortisolspiegel bei Depressiven. Überaktivität und veränderte Reaktionsbereitschaft dieser skizzierten Stresshormonachse sind bei Patienten mit depressiven Störungen vielfach beschrieben worden. Bei der Mehrzahl depressiver Patienten finden sich erhöhte Kortisolspiegel im Blut und im Nervenwasser (Flüssigkeit, die die Hohlräume im Gehirn und im Rückenmark ausfüllt) sowie andere Zeichen einer Überaktivität der Stresshormonachse. Diese Veränderungen verschwinden jedoch nach dem Abklingen der depressiven Symptomatik wieder. Auch findet sich bei rund der Hälfte der Patienten während der depressiven Episode eine veränderte Reaktionsbereitschaft der Stresshormonachse. Woran das liegt, konnte bislang nur zum Teil geklärt werden. Diskutiert wird beispielsweise, ob die Mechanismen, die eine Überaktivität verhindern, nicht richtig funktionieren.

Die besondere Rolle des CRH. Eine besondere krankheitsverursachende Bedeutung könnte auch dem CRH zukommen. Es entfaltet seine Wirkungen nicht nur innerhalb der Stresshormonachse, sondern beeinflusst über CRH-Rezeptoren auch andere Hirnstrukturen, die für Gefühle bedeutsam sind. Bei Tieren kann ein Anstieg des CRH-Spiegels ein depressionsähnliches Verhalten mit Abnahme des Appetits und des Sexualverhaltens, Rückzugstendenzen und ängstliches Verhalten auslösen. Erhöhte CRH-Spiegel, wie sie im Nervenwasser depressiver Patienten gefunden wurden, könnten deshalb möglicherweise das Auftreten depressiver Symptome erklären. Wäre eine CRH-Überaktivität die Ursache der Depression, dann müssten Medikamente, die CRH-Rezeptoren blockieren, gute Antidepressiva sein. Derartige Substanzen sind entwickelt worden. Die öffentlich geschürte Hoffnung, hier einen entscheidenden Durchbruch bei der Depressionsbehandlung zu erzielen, hat sich bisher jedoch nicht erfüllt.

Auslöser: kritische Lebensereignisse

Wie sieht nun die psychologische Sichtweise der Depressionsentstehung aus? Vertraute Situationen und Anforderungen, wie zum Beispiel einen festgelegten Tagesablauf, meistern wir quasi automatisch. Ändern sich jedoch unsere gewohnten und lieb gewonnenen Abläufe schlagartig (beispielsweise durch den Verlust des Arbeitsplatzes oder auch durch die Versetzung in eine andere Abteilung), so reagieren wir je nach Situation neugierig, verunsichert, misstrauisch oder ängstlich.

In der Psychologie werden solche einschneidenden Erlebnisse »kritische Lebensereignisse« genannt. Ein charakteristisches Merkmal kritischer Lebensereignisse besteht darin, dass bislang erfolgreich eingesetzte Bewältigungsmechanismen plötzlich nicht mehr funktionieren. Es müssen neue erarbeitet werden. Gelingt das, so kann sich die betroffene Person dadurch weiterentwickeln. Gelingt es nicht, so kann es zu einem anhaltenden Gefühl der Hilflosigkeit und somit zu einem dauerhaften Stresszustand kommen.

❱❱ Massive Verlusterlebnisse waren der Auslöser

»Meine erste Depression kann ich erst im Nachhinein als solche einstufen. Ich wusste wenig über die Krankheit, es ging mir nur miserabel. Heute würde ich sagen, massive Verlusterlebnisse waren der Auslöser. Da war die für mich sehr schmerzhafte Trennung von meinem Mann. Ich zog von dem bisherigen gemeinsamen Wohnort in die Nähe meiner Arbeitsstelle. Ich hatte viele Jahre ein sehr freundschaftliches, gutes Verhältnis zu meinem Arbeitgeber und seiner Familie. Zwei Monate nach meinem Umzug verstarb plötzlich mein Chef und einen Monat darauf sein kleiner Sohn. Nach vier Monaten wurde die Firma geschlossen, und ich war erstmals in meinem Leben arbeitslos, was für mich neben der finanziellen Einbuße einen Makel bedeutete.«

Kritische Lebensereignisse gibt es in jedem Leben

Bestimmte kritische Lebensereignisse gehören zum Leben dazu. Sie treffen so gut wie jeden und lassen sich nicht vermeiden. Zudem enthalten sie neben Risiken meist auch die Chance zur Weiterentwicklung. Insofern gibt es also nur die Möglichkeit, sich den Veränderungen zu stellen und zu versuchen, sie so gut wie möglich zu bewältigen. Beispiele für solche Ereignisse sind:
- Schulwechsel
- Einstieg ins Berufsleben
- Auszug aus dem Elternhaus
- Pensionierung

Andere kritische Lebensereignisse sind nicht an eine bestimmte Lebensphase gekoppelt – aber statistisch gesehen mehr oder weniger wahrscheinlich. Zum Beispiel:

- Verlust- und Trennungserlebnisse (z. B. durch Tod oder Scheidung)
- Arbeitslosigkeit
- schwere und/oder chronische Erkrankungen
- traumatische Erlebnisse (z. B. Unfälle)

Kritische Lebensereignisse können als Auslöser einer Depression fungieren. Sie können für sich genommen die Erkrankung jedoch nicht erklären, da die meisten kritischen Lebensereignisse ohne Depressionen bewältigt werden. Zudem treten Depressionen häufig auch ohne vorausgehende kritische Lebensereignisse auf.

wichtig
Kritische Lebensereignisse führen nicht automatisch zu einer Depression. Die allermeisten kritischen Lebensereignisse werden ohne eine nachfolgende Depression bewältigt.

Therapie: Wege aus der Depression

Die Depression bestimmt zurzeit Ihr ganzes Leben. Vielleicht können Sie sich nicht vorstellen, dass dieser Zustand jemals wieder aufhört. Doch jede Depression hat einen Anfang und ein Ende! Lassen Sie sich helfen!

Erster Schritt: Hilfe suchen

Der erste Schritt ist zu akzeptieren, dass Sie möglicherweise an einer Depression erkrankt sind und Hilfe benötigen. Dies ist sicherlich nicht leicht. Aber der einzig richtige Schritt. Angehörige sollten den Betroffenen dabei unterstützen und bei Bedarf auch zum Arzt oder Therapeuten begleiten.

Wichtiges für Ihren Arztbesuch

Über 70 Prozent der depressiv Erkrankten befinden sich in hausärztlicher Behandlung. Eine richtige Diagnosestellung wird für die Hausärzte aber oft dadurch erschwert, dass die Patienten vorwiegend oder ausschließlich von körperlichen Beschwerden berichten. Vielen Betroffenen fällt es leichter, diese körperlichen Beschwerden zu beschreiben als ihre psychischen Beschwerden. Manchmal besteht auch die Angst, als verrückt oder überempfindlich abgestempelt zu werden.

Manche Ärzte werden Ihnen möglicherweise die gedrückte Stimmung und Verzweiflung vom Gesicht ablesen und auch bei körperlichen Beschwerden wie Schlaflosigkeit und Kraftlosigkeit, Kopfschmerzen oder Rückenschmerzen aufhorchen und gezielt nachfragen. Darauf können und sollten Sie sich jedoch nicht verlassen. Damit die richtige Diagnose gestellt und Ihnen entsprechend geholfen werden kann, sollten Sie Ihrem Arzt gegenüber unbedingt auch offen über Ihre psychischen Beschwerden sprechen.

wichtig

Je offener und genauer Sie von allen Ihren Krankheitsanzeichen berichten, desto schneller kann Ihr Arzt die richtige Diagnose stellen und eine Behandlung verordnen, die Ihnen aus der Depression heraushilft.

- Haben Sie Mut und vertrauen Sie sich Ihrem Arzt an. Sprechen Sie offen aus, dass Sie und/oder auch Ihr Umfeld vermuten, dass Sie möglicherweise an Depressionen leiden.
- Teilen Sie Ihrem Arzt mit, welche Medikamente, Naturheilmittel oder Nahrungsergänzungspräparate (Vitamine, Mineralien) Sie regelmäßig oder unregelmäßig einnehmen. Informieren Sie ihn auch über Ihren Alkohol- und gegebenenfalls Drogenkonsum.
- Falls Sie Befunde und Arztbriefe zu Hause haben, kann es hilfreich sein, diese ebenfalls mitzunehmen. Denken Sie auch an Ihre Versichertenkarte.
- Informieren Sie sich, ob es in Ihrer Verwandtschaft Fälle von Depressionen

oder manisch-depressiven Erkrankungen gibt. Diese Information kann für Ihren Arzt hilfreich sein.
- Reden Sie mit ihm über alle Beschwerden – auch wenn Ihnen das vielleicht schwerfällt (z. B. sexuelle Unlust oder Funktionsstörungen). Machen Sie sich gegebenenfalls eine entsprechende Liste, damit Sie nichts vergessen. Sie können auch den ausgefüllten Selbsttest mitnehmen.

Im Rahmen der Diagnosestellung wird Ihr Arzt oft einige Zusatzuntersuchungen veranlassen, um andere körperliche Erkrankungen, die depressionsähnliche Krankheitsanzeichen verursachen können, auszuschließen. Dazu gehört unter anderem eine Laboruntersuchung Ihres Blutes einschließlich der Bestimmung Ihrer Schilddrüsenhormone. In manchen Fällen ist auch eine Untersuchung des Gehirns durch eine Computertomographie oder Magnetresonanztomographie sinnvoll. Durch diese Untersuchungsverfahren wird Ihr Gehirn in einzelnen Schichten dargestellt und Veränderungen werden sichtbar gemacht.

Erster Anlaufstelle: Hausarzt

Sowohl bei körperlichen als auch bei psychischen Beschwerden ist der Hausarzt meist der erste Ansprechpartner. Dieser kennt in vielen Fällen nicht nur den Gesundheitszustand seiner Patienten, sondern auch ihre gegenwärtigen Lebensbedingungen – etwa ihre beruflichen oder familiären Belastungen oder wichtige zurückliegende Ereignisse. Er hat den Gesamtüberblick. Um organische Ursachen für Ihre Beschwerden wie etwa Schilddrüsenfunktionsstörungen auszuschließen, wird er meist einige Untersuchungen vornehmen. Wird die Diagnose einer leichteren Form der Depression gestellt, so kann der Hausarzt die Behandlung selbst übernehmen. Bei schwereren Depressionen und bei komplizierteren Verläufen empfiehlt sich die Behandlung durch einen Facharzt (Nervenarzt, Psychiater). Ihr Hausarzt kann Sie zu einem Facharzt überweisen, Sie können aber Ihren Arzt frei wählen und somit auch jederzeit selbst einen Facharzt aufsuchen.

Behandlung beim Facharzt

Vor allem bei schweren, insbesondere wahnhaften Depressionen und bei schweren körperlichen Begleiterkrankungen ist eine Behandlung durch einen Facharzt zu empfehlen. Das gilt auch für Betroffene, die aktuell suizidgefährdet sind oder bereits Suizidversuche unternommen haben. Auch die Einnahme unterschiedlicher Medikamente kann wegen der Gefahr von Wechselwirkungen die Behandlung schwieriger machen, sodass hier eine fachärztliche Behandlung sinnvoll ist. Gleiches gilt auch für Patienten mit manisch-depressiven Erkrankungen (siehe Seite 24), da diese ein besonders hohes Rückfallrisiko und insgesamt einen komplizierteren Krankheitsverlauf aufweisen. Hier ist fachärztliches Wissen gefragt.

Psychiater

Ein Psychiater ist ein Facharzt für »Psychiatrie« (wörtlich: »Seelenheilkunde«). Das bedeutet, dass er, so wie beispielsweise ein Chirurg, im Anschluss an sein Medizinstudium eine mehrjährige Facharztweiterbildung absolviert hat. Der Psychiater kann Depressionen sowohl medikamentös als auch psychotherapeutisch behandeln.

Nervenarzt

Nervenärzte sind Fachärzte für Psychiatrie und Neurologie und können nicht nur psychiatrische, sondern auch neurologische Krankheiten wie etwa Multiple Sklerose, Epilepsie oder Lähmungen behandeln. Psychiater wie auch Nervenärzte sind durch ihr Medizinstudium und die erfolgte fachliche Spezialisierung sowohl für eine medikamentöse als auch für eine psychotherapeutische Behandlung ausgebildet.

Ärzte, die nur für das Fach Neurologie spezialisiert sind (Neurologen), sind nicht für die Behandlung der Depression zuständig.

Psychologischer Psychotherapeut

Die dritte Gruppe der Depressionsexperten sind speziell ausgebildete Psychologen: die psychologischen Psychotherapeuten. Das Psychotherapeutengesetz (siehe Kasten) dient nicht nur der Qualitätssicherung in der Psychotherapie, sondern ermöglicht dem Psychotherapeuten auch ein direktes Abrechnen mit den Krankenkassen. Vorher war hierfür eine entsprechende ärztliche Überweisung erforderlich. Sie können sich also direkt an den Psychotherapeuten oder die Psychotherapeutin Ihrer Wahl wenden. Beachten Sie jedoch, dass vor Beginn der Psychotherapie durch eine entsprechende ärztliche Untersuchung mögliche organische Ursachen für die Depression ausgeschlossen werden sollten.

Da es auch ärztliche Psychotherapeuten gibt, werden Psychologen mit psychotherapeutischer Weiterbildung »psychologische Psychotherapeuten« genannt. Die Approbation zum »psychologischen Psychotherapeuten« oder »Kinder- und Jugendlichenpsychotherapeuten« ist Voraussetzung für eine kassenärztliche Zulassung. Die Approbation wird erteilt, wenn Psychologen nach ihrem Studium eine mindestens dreijährige Ausbildung zum »psychologischen Psychotherapeuten« beziehungsweise »Kinder- und Jugendlichenpsychotherapeuten« an einem anerkannten Ausbildungsinstitut nachweisen können. Die psychologischen Psychotherapeuten sind keine Ärzte und können deshalb auch keine Medikamente verschreiben.

wichtig

Nicht jeder Psychologe, der eine psychotherapeutische Behandlung anbietet, ist ein psychologischer Psychotherapeut. Nur Psychologen, die sich »psychologische Psychotherapeuten« nennen dürfen, verfügen über eine fundierte psychotherapeutische Ausbildung.

Psychologen ohne diese Bezeichnung können die anfallenden Kosten zudem auch nicht über die Krankenkassen abrechnen.

Heilpraktiker für Psychotherapie

Heilpraktiker können zwar auch eine Erlaubnis zum psychotherapeutischen Arbeiten nach dem Heilpraktikergesetz (HPG) erhalten, sie können ihre Leistungen jedoch nur privat abrechnen und dürfen auch die Berufsbezeichnung »Psychotherapeut« nicht verwenden. Ihnen fehlt meist eine gründliche Ausbildung zu psychischen Erkrankungen und deren Behandlung. Sie dürfen sich einem Gerichtsbeschluss zufolge »Heilpraktiker für Psychotherapie« nennen, was unter Um-

> ### WISSEN
> **Berufsbezeichnung Psychotherapeut**
>
> Der Begriff »Psychotherapeut« ist seit dem Inkrafttreten des Psychotherapeutengesetzes eine gesetzlich geschützte Berufsbezeichnung. Nur Ärzte und Psychologen, die eine staatlich anerkannte psychotherapeutische Weiterbildung absolviert haben, dürfen sich so nennen.

ständen eine Verwechslungsgefahr mit psychologischen oder ärztlichen Psychotherapeuten birgt.

Einen Psychotherapeuten finden

Einige Betroffene haben Bedenken wegen einer Psychotherapie, weil sie immense Kosten und/oder unseriöse Therapieangebote befürchten. Beide Bedenken lassen sich verringern, wenn Sie sich für einen staatlich geprüften und kassenärztlich zugelassenen ärztlichen oder psychologischen Psychotherapeuten entscheiden. Die Krankenkassen übernehmen zurzeit die Kosten für Verhaltenstherapien und tiefenpsychologisch fundierte Therapien, wie zum Beispiel die psychoanalytische Kurzzeittherapie. Sie können sich in diesem Fall ohne ärztliche Überweisung mit Ihrer Versichertenkarte direkt an einen kassenärztlich zugelassenen Psychotherapeuten wenden. Allerdings sind die meisten zugelassenen Psychotherapeuten so ausgebucht, dass Sie mit mehrmonatigen Wartezeiten rechnen müssen.

Fünf Probesitzungen
Haben Sie einen Psychotherapieplatz bekommen, so übernimmt Ihre Krankenkasse zunächst die Kosten für bis zu fünf Probesitzungen. In dieser Zeit sollen Sie herausfinden, ob Sie sich bei Ihrem Psychotherapeuten wirklich gut aufgehoben fühlen und die Therapie fortsetzen wollen. Entscheiden Sie sich dafür, so stellt Ihr Psychotherapeut für Sie einen Antrag auf Kostenübernahme bei Ihrer Krankenkasse, in welchem er die Diagnose erläutert und die Notwendigkeit einer Therapie begründet. Entscheiden Sie sich dagegen, so können Sie einen anderen Psychotherapeuten aufsuchen und weitere fünf Probesitzungen in Anspruch nehmen. Es ist wichtig, dass Sie sich innerhalb der Probesitzungen für einen Wechsel entscheiden, da sich Ihre Krankenkasse ansonsten weigern kann, die Kosten für eine neu angefangene Psychotherapie zu übernehmen.

Psychotherapeutische Beratungsstellen

Wenn Sie keine längere Wartezeit in Kauf nehmen können oder wollen und/oder sich nicht direkt an einen bestimmten Psychotherapeuten wenden möchten, können psychotherapeutische Beratungsstellen oder Ambulanzen eine hilfreiche erste Anlaufstelle sein. Diese werden in der Regel von universitären Einrichtungen (der medizinischen bzw. psychologischen Fakultät) oder psychologischen Institu-

ten betrieben. Die dort arbeitenden Ärzte und Psychologen informieren Sie unter anderem über Behandlungsmöglichkeiten und Psychotherapeuten in der Nähe Ihres Wohnortes. Allerdings dürfen sie keine persönlichen Empfehlungen aussprechen. Darüber hinaus wird Ihnen bei wichtigen Fragen im Rahmen Ihrer Psychotherapie geholfen – etwa, ob Sie sich für eine ambulante oder für eine stationäre Therapie entscheiden sollten. Die psychotherapeutischen Ambulanzen bieten in begrenztem Umfang auch selbst psychotherapeutische Behandlungen an.

Worauf Sie achten sollten

Eine gute und tragfähige Beziehung zwischen dem Psychotherapeuten und sei-

> **WISSEN**
>
> ### Adressen finden
>
> Die Adressen und Telefonnummern niedergelassener Psychotherapeuten erhalten Sie über die »Gelben Seiten« (www.gelbeseiten.de) oder den Psychotherapie-Informationsdienst (PID) im Internet unter www.psychotherapiesuche.de. Am besten ist, Sie wenden sich direkt an Ihre Krankenkasse. Dort erhalten Sie eine Liste aller Psychotherapeuten/Psychotherapeutinnen, die von der Kassenärztlichen Vereinigung anerkannt wurden und deren Leistungen Ihre Krankenkasse entsprechend bezahlt.

nem Klienten ist nachgewiesenermaßen ein ganz wichtiger Faktor für eine erfolgreiche Psychotherapie. Insofern ist es entscheidend, dass Sie für sich den richtigen Therapeuten finden. Dieser sollte zum einen über eine fundierte fachliche Ausbildung verfügen, wie eine Weiterbildung zum Verhaltenstherapeuten, und Erfahrungen mit der Behandlung von Depressionen haben. Mindestens ebenso wichtig ist es aber, dass Sie sich bei ihm gut aufgehoben fühlen.

Folgende Fragen können als Orientierungshilfe bei der Auswahl eines Psychotherapeuten dienen:
- Kann Ihnen Ihr Psychotherapeut Zuversicht und Hoffnung vermitteln?
- Bestärkt er Sie darin, dass Depressionen behandelbar sind und die Ursache für Ihre Erkrankung nicht in einem persönlichen Versagen oder einer entsprechenden Schuld liegt?
- Schafft er es, Sie zur aktiven Mitarbeit zu motivieren?
- Erklärt er Ihnen spätestens auf Ihre Nachfrage hin, was er macht und warum?
- Geht er auf Ihre Fragen und Bedenken ein und haben Sie das Gefühl, ihm alles sagen zu können/dürfen?
- Interessiert er sich für Sie und zeigt Anteilnahme an Ihrer Entwicklung, freut er sich zum Beispiel über Ihre Fortschritte?
- Klärt er mit Ihnen aktuelle Konflikte oder Belastungen aus der Vergangenheit, die möglicherweise zu der Entstehung oder Aufrechterhaltung Ihrer Erkrankung beitragen oder beigetragen haben?
- Formuliert er mit Ihnen zusammen konkrete Ziele für Ihren Weg aus der Depression heraus?
- Macht er Angaben zu der voraussichtlichen Dauer der Behandlung und deren Beendigung?
- Bezieht er auf Ihren Wunsch hin auch Angehörige in die Behandlung mit ein?

Es ist wichtig, sich Hilfe zu holen, auch wenn man in der Depression meint, es könne einem ohnehin keiner helfen. Gehen Sie zu einem Arzt, dem Sie vertrauen, und sprechen Sie offen mit ihm über Ihre Stimmung, Ängste und Beschwerden.

Depressive haben die Tendenz, sich selbst und ihre Zukunft durch eine »schwarze Brille« zu betrachten. Somit ist es normal, dass Sie zunächst skeptisch sind, ob Psychotherapie Ihnen helfen kann. Hoffnungslosigkeit ist genauso ein Symptom der Depression wie das Fieber bei Grippe. Bitte werfen Sie daher bei auftauchenden Zweifeln nicht gleich das Handtuch. Wichtig ist, diese Zweifel mit Ihrem Psychotherapeuten zu besprechen.

Ambulante Therapie oder Klinik?

Die Behandlung depressiver Erkrankungen kann ambulant oder stationär erfolgen. Bei der ambulanten Behandlung bleiben Sie in Ihrem häuslichen Umfeld und suchen nur für die Behandlung oder Untersuchung Ihren Therapeuten beziehungsweise Arzt auf. Bei der stationären Therapie bleiben Sie dagegen die ganze Zeit in einer Klinik.

Psychiatrische Stationen unterscheiden sich inzwischen in den meisten Kliniken nicht von anderen medizinischen Stationen. In größeren Kliniken gibt es meist Spezialstationen für depressiv Erkrankte, sogenannte Depressionsstationen. Hier steht ein speziell auf depressiv Erkrankte zugeschnittenes Behandlungsangebot zur Verfügung. Die Betroffenen spüren meist sehr rasch, dass das Pflegepersonal, die Ärzte, die Psychologen und andere Mitarbeiter des Stationsteams über eine große Erfahrung mit dieser Erkrankung verfügen, und fühlen sich dann meist gut aufgehoben.

Die stationäre Behandlung depressiver Patienten erfolgt in den meisten Fällen auf offenen Stationen. Bei sehr hoher Suizidgefährdung kann es nötig sein, dass der Patient anfangs gebeten wird, zur eigenen Sicherheit zunächst auf der geschlossenen Station zu bleiben. Menschen mit wahnhaften Depression befinden sich besonders oft in Lebensgefahr und sollten stationär behandelt werden.

Bei leichteren Formen depressiver Störungen ist eine ambulante Behandlung meist ausreichend. Die Betroffenen bleiben hier in ihrer gewohnten Umgebung und können den Kontakt zu ihren Bezugspersonen halten und ihren Beruf weiter ausüben.

Eine Zwischenstufe zwischen stationärer und ambulanter Behandlung sind die sogenannten Tageskliniken: Der depressive Patient hält sich tagsüber in der Klinik auf und wird dort genauso intensiv betreut wie im Rahmen einer stationären Therapie, verbringt dann aber die Nacht und die Wochenenden zu Hause. Das ist insbesondere dann möglich und sinnvoll, wenn der Betroffene in eine stabile Familienstruktur eingebunden ist. Wenn die Depression nur teilweise abgeklungen ist und eine weitere Stabilisierung und Hilfe nötig sind, kann dieser Zwischenschritt zudem für manche Betroffene nach einem stationären Aufenthalt zu einer schrittweisen Wiedereingliederung sinnvoll sein.

WISSEN

Entlastung und Unterstützung

Der Gedanke, sich stationär aufnehmen und behandeln zu lassen, kann zunächst beunruhigend und abschreckend wirken. Häufig ist es dann aber nicht nur für die Angehörigen eine große Entlastung, die Verantwortung in Expertenhände legen zu können, sondern auch für die Betroffenen selbst. Viele erleben es als entlastend zu sehen, dass sie professionell behandelt werden und ihnen Dinge, die sie durch die Depression nicht bewältigen können, abgenommen werden. Zudem können sie sich mit anderen Menschen austauschen, die unter den gleichen oder ähnlichen Krankheitsanzeichen leiden wie sie selbst.

Bausteine der Depressionsbehandlung

Bei der Behandlung depressiver Erkrankungen werden zwei Hauptziele verfolgt:
- die aktuelle depressive Episode rasch zu durchbrechen (Akutbehandlung),
- Rückfälle (Rezidive) zu verhindern (rezidivprophylaktische oder rückfallverhütende Behandlung, auch Langzeitbehandlung genannt).

Für beide Behandlungsziele stehen zwischenzeitlich wirksame Behandlungsmethoden zur Verfügung.

Für die Akutbehandlung schwerer Depressionen spielen Antidepressiva die entscheidende Rolle, zumal die Betroffenen hier oft nicht in der Lage sind, sich aktiv an einer Psychotherapie zu beteiligen. Darüber hinaus setzt die Wirkung der Antidepressiva oft schneller ein als die der Psychotherapie. Wenn die Behandlung anschlägt und sich der Betroffene besser fühlt, ist meist auch eine begleitende Psychotherapie empfehlenswert. Hierdurch lernt der Betroffene, besser mit seiner Erkrankung umzugehen und diese zu verstehen. Oft wird dann auch besser verstanden, warum eine medikamentöse Behandlung sinnvoll ist. Daraufhin werden dann auch die Medikamente zuverlässiger eingenommen.

wichtig

Die wichtigsten Bausteine sowohl für die Akutbehandlung als auch für die Rückfallverhütung sind die medikamentöse Behandlung und die Psychotherapie. Beide Behandlungsverfahren haben bei depressiven Patienten ihre Wirksamkeit eindeutig belegt.

Bei der Akuttherapie leichterer Depressionen muss individuell entschieden werden, ob eine Psychotherapie, eine medikamentöse Behandlung oder eine Kombination aus beiden der beste Weg ist. Bei dieser

Therapie: Wege aus der Depression

Entscheidung sollten auch Ihre eigenen Vorstellungen und Wünsche mit berücksichtigt werden.

Als unterstützende Behandlungsverfahren können zudem der Schlafentzug und bei der kleinen Gruppe der Menschen mit saisonal abhängigen Depressionen die Lichttherapie hilfreich sein. Bei Patienten mit schweren und therapieresistenten Depressionen kann zudem eine Elektrokrampftherapie (EKT) in Betracht gezogen werden. Diese ist insbesondere bei wahnhaften Depressionen das wirksamste Behandlungsverfahren.

Für die rückfallverhütende Behandlung bei unipolaren Depressionen kommt eine Weiterführung der in der Akutbehandlung wirksamen Antidepressiva und insbesondere bei manisch-depressiven Erkrankungen Lithium in Betracht.

Im Folgenden wird zunächst die Akutbehandlung der depressiven Episode bei der unipolaren Depression dargestellt.

Welche Medikamente Ihnen helfen

Antidepressiva helfen den meisten Betroffenen. Allerdings nicht sofort: Man muss sie 2 bis 4 Wochen lang einnehmen, bis sich eine spürbare Besserung einstellt. Die zwar meist harmlosen, aber unangenehmen Nebenwirkungen wie Übelkeit treten dagegen gleich auf, verschwinden dafür aber nach einigen Tagen der Einnahme in der Regel wieder.

Antidepressiva: wie und wann sie wirken

Für die Behandlung depressiver Erkrankungen steht eine große Zahl von in Deutschland zugelassenen Medikamenten – die sogenannten Antidepressiva – zur Verfügung. Diese müssen, um zugelassen zu werden, in methodisch strengen Studien ihre Wirksamkeit belegt und sich als gut verträglich erwiesen haben.

Nicht jedes Antidepressivum wirkt bei jedem Patienten. In Therapiestudien klingt bei 50 bis 70 Prozent der mit einem Antidepressivum behandelten depressiven Patienten die Erkrankung innerhalb von 4 bis 6 Wochen ab. Dies ist einerseits erfreulich, bedeutet aber auch, dass in der täglichen Praxis bei vielen Betroffenen wegen ungenügendem Ansprechen ein zweiter Therapieversuch erforderlich ist. Bei sehr hartnäckigen Depressionen sind manchmal sogar noch weitere Anläufe nötig. In diesen weiteren Therapieversuchen wird dann auf ein anderes Antidepressivum umgesetzt, zwei Antidepressiva kombiniert oder auch versucht, durch Zugabe von Lithium die Wirkung zu verstärken (»Lithiumaugmentation«). Letztendlich gelingt es dann fast immer, die Depression zum Abklingen zu bringen.

wichtig

Antidepressiva wirken nicht gleich nach der Einnahme, wie wir das von Schmerzmitteln oder Schlafmitteln her kennen, sondern erst mit Verzögerung (»Wirklatenz«). Sie entfalten ihre vollständige antidepressive Wirkung oft erst nach 2 bis 4 Wochen täglicher Einnahme.

Sie dürfen nicht schnell wieder abgesetzt werden

Ist die Depression aufgrund der Einnahme von Antidepressiva abgeklungen, so dürfen diese nicht gleich abgesetzt werden, da sonst mit dem Wiederauftreten der Depression zu rechnen ist, wie auch der Blutdruck nach Absetzen des Blutdruckmittels wieder ansteigen würde. Nach dem Abklingen der depressiven Symptomatik sollte die antidepressive Medikation deshalb im Sinne einer Erhaltungstherapie in unveränderter Dosierung zunächst über mindestens 4 bis 6 Monate weitergeführt werden. Danach kann entschieden werden, ob eine langfristige, eventuell über Jahre gehende rückfallverhütende Medikation sinnvoll ist oder ob die Medikamente abgesetzt werden können. Im letzteren Fall erfolgt dies nicht abrupt, sondern durch schrittweise Dosisreduktion über zwei bis sechs Wochen (»Ausschleichen«). Bei abruptem Absetzen kann es bei einigen Antidepressiva vorübergehend zu Absetzeffekten wie Missempfindungen und Reizbarkeit kommen. Das ist aber kein Zeichen dafür, dass Antidepressiva abhängig machen. Vielmehr stellen sich hier lediglich überschießende Gegenregulationen ein (»Reboundphänomene«), wie sie auch bei einem abrupten Absetzen von Blutdruckmitteln und anderen Medikamenten auftreten können.

Antidepressiva machen nicht süchtig

Antidepressiva zählen zur Gruppe der sogenannten Psychopharmaka. Sie müssen jedoch von anderen Psychopharmaka unterschieden werden, insbesondere von:
- Beruhigungsmitteln (wie z. B. Valium) und Schlafmitteln, die sehr rasch wirken und bei längerer Einnahme zu Abhängigkeit führen können, und von
- Neuroleptika, die u. a. zur Behandlung der Schizophrenie eingesetzt werden,

und genau wie Antidepressiva nicht zu Abhängigkeit führen.

Bei Umfragen in der Allgemeinbevölkerung geben nach wie vor sehr viele Befragte an, dass Antidepressiva süchtig machen würden. Das ist jedoch definitiv nicht der Fall! Es gibt keinen Drogenschwarzmarkt für Antidepressiva, es sind keine Dosissteigerungen nötig, um wirksam zu sein, und Gesunde werden von Antidepressiva nicht »high«. Beruhigungsmittel und Schlafmittel machen abhängig, Antidepressiva dagegen nicht.

Antidepressiva verändern die Persönlichkeit nicht

Eine weitere häufige und oft tief sitzende Sorge ist, dass Antidepressiva die eigene Persönlichkeit verändern. Auch diese Sorge ist unbegründet. Die Depression verändert die Persönlichkeit, nicht jedoch die Einnahme von Antidepressiva. Im Gegenteil – nach erfolgreicher Behandlung einer depressiven Episode mit Antidepressiva berichten die Patienten, endlich wieder so zu sein, wie sie sich als gesunden Menschen kennen, und die Angehörigen bestätigen dies.

Wie wirken Antidepressiva?

Modellvorstellungen zum Wirkmechanismus der Antidepressiva gehen davon aus, dass diese die Wirkung der Botenstoffe Serotonin und Noradrenalin im Gehirn beeinflussen. Fast alle zurzeit auf dem

Markt befindlichen Antidepressiva wirken auf diese Botenstoffe. Sie erhöhen die Wirkung dieser Botenstoffe u. a. dadurch, dass sie eine Pumpe blockieren, die das in den synaptischen Spalt freigesetzte Serotonin oder Noradrenalin wieder in die Synapse zurücktransportiert und damit wie ein Staubsauger aus dem Wirkungsbereich entfernt. Wird dieser Rückaufnahmemechanismus blockiert, bleibt mehr Serotonin im synaptischen Spalt und kann dort über die Rezeptoren seine Wirkungen entfalten. Diese Pumpe zur Rückaufnahme des Serotonins in die Synapsen ist in der Abbildung auf Seite 45 dargestellt. Gleiches gilt für das Noradrenalin. Einige der Antidepressiva blockieren ganz gezielt die Rückaufnahme des Noradrenalins in die entsprechenden Synapsen. Insgesamt ist aber die Wirkung komplexer, als sie hier dargestellt werden kann. So sind zurzeit auch bei der Wirkung der Antidepressiva auf die Botenstoffe mehr Fragen offen als endgültig geklärt.

Antidepressiva helfen, Rückfälle zu verhindern

Die nachfolgende Abbildung (Seite 68) veranschaulicht die möglichen Krankheitsverläufe einer Depression unter Medikamenteneinnahme. Beim Beginn der Depression wandert die Kurve vom Gesundheitszustand – über Tage oder Wochen – nach unten in die Krankheit hinein. Wenn keine Behandlung erfolgt, bleiben Stimmung, Antrieb und Lebenslust meist im Keller – die Depression besteht unverändert weiter.

Akuttherapie. Auch wenn Sie Medikamente einnehmen, dauert es trotzdem meist mindestens 2 Wochen, bis Sie auf die Medikamente ansprechen und eine deutliche Besserung spüren – darauf sollten Sie sich einstellen. Es benötigt in der Regel weitere 3–4 Wochen, bis Sie wieder Ihren gesunden Zustand erreicht haben. Dies wird Akuttherapie genannt.

Erhaltungstherapie. Auch wenn Sie sich nun wieder gesund fühlen, müssen Sie Ihr Antidepressivum für die nächsten 4–6 Monate weiter einnehmen. Das ist die sogenannte Erhaltungstherapie. Bei vorzeitigem Absetzen droht ein Rückfall, denn in den ersten 6 Monaten nach einer überstandenen depressiven Phase ist das Rückfallrisiko besonders hoch.

Absetzen. Wenn Sie ein halbes Jahr depressionsfrei geblieben sind, können Sie gemeinsam mit Ihrem Arzt entscheiden, ob das Medikament langsam abgesetzt werden kann. Entscheidend ist, falls Sie sich für das Absetzen entscheiden, dass die Dosis allmählich über 2–4 Wochen reduziert wird. Nur so gewährleisten Sie, dass sich der Körper an das Ausbleiben des Wirkstoffs langsam gewöhnen kann.

Langzeittherapie. Es besteht aber auch die Möglichkeit, dass Ihr Arzt Ihnen dazu rät, Ihr Antidepressivum auch nach diesen 4–6 Monaten weiterhin einzunehmen, also eine sogenannte Langzeittherapie durchzuführen. Das ist insbesondere dann der Fall, wenn Sie schon mehrere Rückfälle erlitten haben und diese besonders schwer gewesen sind (siehe auch Seite 83).

Therapie: Wege aus der Depression

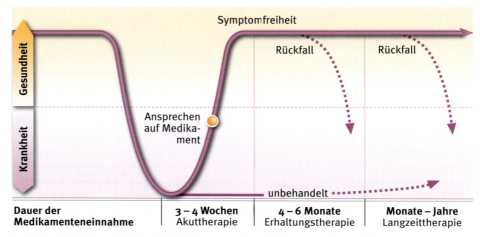

▲ Es dauert einige Woche, bis die Antidepressiva-Wirkung spürbar wird. Wenn man sich wieder gesund fühlt, schützen die Antidepressiva vor einer erneuten depressiven Phase.

Unterschiedliche Nebenwirkungen

Die verschiedenen Arten von Antidepressiva unterscheiden sich untereinander kaum in der generellen antidepressiven Wirksamkeit. Die Wirksamkeit ist für alle belegt. Unterschiede gibt es jedoch in der Art der Nebenwirkungen. Einige wichtige und vergleichsweise häufige Nebenwirkungen und Anwendungsprobleme der verschiedenen Antidepressiva sind im Folgenden näher beschrieben, da es für den Betroffenen wichtig ist, diese richtig einordnen und gewichten zu können. Die meisten Nebenwirkungen sind eher lästig als gefährlich und für sich genommen oft noch kein Grund, das jeweilige Medikament abzusetzen, vor allem dann nicht, wenn es gut gegen die Depression wirkt.

Der Beipackzettel

Vollständig werden Nebenwirkungen im Beipackzettel in der Medikamentenschachtel aufgeführt. Für den Laien ist es jedoch kaum möglich, all diese Informationen, die auch aus juristischen Gründen in den Beipackzettel aufgenommen werden, zu verstehen und hinsichtlich ihrer tatsächlichen praktischen Bedeutung richtig einzuordnen.

Gerade bei depressiv erkrankten Menschen weckt das Lesen der Nebenwirkungen im Beipackzettel meist große Ängste, da sie durch die Erkrankung immer mit dem Schlimmsten rechnen. Es besteht deshalb die Gefahr, dass die Betroffenen aus Hoffnungslosigkeit und Ängsten vor möglichen Nebenwirkungen die Antidepressiva nicht einnehmen und so unnötig lange in der Depression gefangen bleiben.

Wichtig ist, bei all den möglichen, aufgezählten Nebenwirkungen sich immer wieder die Tatsache bewusst zu machen, dass fast immer ein Antidepressivum gefunden werden kann, das sowohl wirksam ist als auch gut vertragen wird. Lassen Sie sich deshalb von den aufgezählten Nebenwirkungen nicht verunsichern.

Würde mit ähnlicher Sorgfalt auch in anderem Zusammenhang auf Risiken und Nebenwirkungen hingewiesen, dann müssten auf jeder Kaffeepackung zahlreiche Nebenwirkungen wie Unruhe, Schlafstörungen, Zittern, Kopfschmerzen, Magenschmerzen usw. stehen. Noch länger wäre die Liste bei einer Flasche Bier.

Wechselwirkungen zwischen Medikamenten

Bei gleichzeitiger Einnahme mehrerer Medikamente muss bei den Antidepressiva an die Möglichkeit gedacht werden, dass sich diese Medikamente gegenseitig verstärken oder abschwächen. Dies gilt übrigens auch für Johanniskrautextrakte oder für Alkohol, der zum Beispiel die beruhigende (»sedierende«) Wirkung mancher tri- und tetrazyklischer Antidepressiva verstärken kann.

wichtig
Da derartige Wechselwirkungen schwerwiegend sein können und manche Medikamente überhaupt nicht kombiniert werden dürfen, sollten Sie Ihrem Arzt alle Medikamente, die Sie einnehmen, und auch Ihren Alkohol- und ggf. Drogenkonsum unbedingt offen mitteilen.

Einnahme während der Schwangerschaft

Während der Schwangerschaft sollten Antidepressiva möglichst vermieden werden, insbesondere in den ersten 3 Monaten. Diese Warnung gilt mit Einschränkung. Es gibt breite Erfahrungen im Bereich der Einnahme von Antidepressiva in der Schwangerschaft, die keine Hinweise auf erhöhte Risiken für das ungeborene Kind erkennen lassen. Bei schweren Depressionen können somit die Vorteile einer Antidepressiva-Behandlung gegenüber den damit verbundenen Risiken klar überwiegen.

Tri- und tetrazyklische Antidepressiva

In der folgenden Tabelle sind die wichtigsten Wirkstoffe aus dieser Antidepressivagruppe und einige der Markennamen aufgelistet. Tri- und tetrazyklische Antidepressiva (TZA) sind schon lange in Gebrauch, sodass eine große Anwendungserfahrung mit diesen Substanzen besteht.

Sie bewirken im unterschiedlichen Ausmaß eine Hemmung der Wiederaufnahme von Serotonin und Noradrenalin aus dem synaptischen Spalt und beeinflussen so die Wirkung dieser Botenstoffe im Gehirn. Ein Nachteil ist, dass sie zusätzlich eine Reihe anderer Rezeptoren für andere

Botenstoffe blockieren. Diese zusätzlichen blockierenden Wirkungen erklären einen Großteil der Nebenwirkungen der TZA.

Mögliche Nebenwirkungen

Einige Nebenwirkungen der TZA sind auf die Blockade der Wirkung des Botenstoffs Acetylcholin zurückzuführen. Die Ärzte nennen das die anticholinergen Nebenwirkungen der TZA. Diese sind oft zu Beginn der Behandlung besonders deutlich ausgeprägt und klingen nach Absetzen der TZA wieder ab. Zu diesen anticholinergen Nebenwirkungen zählt die häufig auftretende Mundtrockenheit. Hilfreich ist das Lutschen saurer Bonbons und häufiges Schlürfen von Wasser.

Ebenfalls auf die anticholinergen Effekte zurückzuführen sind Schwierigkeiten, die Tiefenschärfe beim Sehen richtig einzustellen (»Akkommodationsstörungen«) mit Unscharfsehen z. B. beim Lesen. Diese Akkommodationsstörungen sind unangenehm, aber harmlos und nicht Anzeichen für eine schwerwiegende Augenerkrankung.

Eher selten kommt es zu ernsteren Komplikationen wie völliger Verstopfung (»Ileus«) oder Harnsperre (Vorsicht bei Prostatavergrößerung). Patienten mit erhöhtem Augeninnendruck (»Glaukom«) sollten ihrem Arzt dies vor Behandlungsbeginn mitteilen, da bei manchen Glaukomformen (»Engwinkelglaukom«) die Situation durch die anticholinergen Effekte der TZA verschlimmert werden kann und diese Medikamente deshalb nicht gegeben werden dürfen.

Bei älteren Menschen und gleichzeitig vorliegenden Hirnerkrankungen kann es durch die anticholinerge Wirkung im

Tri- und tetrazyklische Antidepressiva (TZA)

Wirkstoff (Handelsname)	Anfangsdosis (mg/Tag)	Standardtagesdosis (mg/Tag)	Maximaldosis (mg/Tag)
Amitriptylin (Saroten)	50	150	300
Amitriptylinoxid (Equilibrin)	60	150	300
Clomipramin (Anafranil)	50	150	300
Dibenzepin (Noveril)	120	480	720
Doxepin (Aponal)	50	150	300
Imipramin (Tofranil)	50	150	300
Nortriptylin (Nortrilen)	50	150	225
Trimipramin (Stangyl)	50	210	400
Maprotilin (Ludiomil)	50	150	225

Gehirn als ernsthafte Nebenwirkung zu vorübergehenden Verwirrtheitszuständen kommen. Nach Absetzen oder Reduktion der TZA klingen diese wieder ab.

Es gibt weitere Nebenwirkungen, die nicht auf die anticholinergen Effekte der TZA, sondern auf die Blockierung anderer Botenstoffe oder andere Effekte zurückzuführen sind. Hier sind nur einige davon aufgeführt.

Einige der TZA, wie zum Beispiel Amitriptylin oder Doxepin, wirken dämpfend (sedierend), sodass Sie sich etwas müde fühlen können. Manchmal ist dies erwünscht, da viele depressive Patienten unter innerer Unruhe und Schlafstörungen leiden. Andere TZA wie Nortriptylin können auch aktivierend wirken. Insgesamt lässt sich festhalten, dass Betroffene auf das gleiche Medikament sehr unterschiedlich reagieren können.

Durch die TZA wird die Blutdruckregulation beeinflusst. Wenn Sie abrupt aufstehen, kann es Ihnen schwindelig und schwarz vor den Augen werden, da der Blutdruck zu langsam an diese neue Situation angepasst wird (orthostatische Dysregulation). Vor allem ältere Menschen sollten sich beim Aufstehen Zeit lassen und sich erst einmal auf die Bettkante setzen, um dem Kreislauf Zeit zur Anpassung zu geben. Bei zu raschem Aufstehen, z. B. nachts zum Wasserlassen, kann es sonst zu Stürzen kommen.

Bei Menschen mit Herzrhythmusstörungen dürfen TZA meist nicht gegeben werden, da sich diese gefährlich verschlimmern können. Um die Gefahr von Herzrhythmusstörungen abschätzen zu können, sollte besonders bei älteren Patienten vor Behandlungsbeginn mit TZA das Herz mittels eines EKG (Elektrokardiogramm) untersucht werden.

wichtig

Bei TZA ist eine sehr sorgfältige Einhaltung der verordneten Dosis besonders wichtig, nicht nur weil bei Unterdosierung nicht mit einer antidepressiven Wirkung gerechnet werden kann, sondern weil es bei Überdosierung zu Vergiftungserscheinungen (»Intoxikationen«) kommen kann.

Bei Patienten mit einer manisch-depressiven Erkrankung kann durch TZA ein Umkippen in eine manische Episode ausgelöst werden, sodass hier die Vor- und Nachteile der Behandlungen sorgfältig abgewogen werden müssen.

Serotonin-Wiederaufnahme-Hemmer

Die Gruppe der selektiven Serotonin-Wiederaufnahme-Hemmer (SSRI) beeinflusst die Wirkung des Botenstoffs Serotonin im Gehirn durch die Hemmung der für die Rückaufnahme zuständigen Pumpen an den Synapsen (siehe Seite 45). Da die

Vertreter dieser Substanzgruppe kaum Wirkungen auf andere Botenstoffe wie zum Beispiel das Acetylcholin aufweisen und somit selektiv auf das Serotonin wirken, werden sie als sogenannte selektive Serotonin-Rückaufnahme-Inhibitoren bezeichnet. Wegen dieser Selektivität werden sie von manchen Patienten besser vertragen als die tri- und tetrazyklischen Antidepressiva. Sie sind auch bequemer zu handhaben, da sie nicht wie die TZA langsam aufdosiert und die Dosis über den Tag verteilt genommen werden muss, sondern gleich mit einer wirksamen Tagesdosis als morgendliche Einmalgabe begonnen werden kann. Auch ist die Gefahr von Vergiftungserscheinungen bei Überdosierung deutlich geringer als bei den TZA.

Auch wenn SSRI besser verträglich sind als TZA, gibt es eine Reihe von Nebenwirkungen, mit denen gerechnet werden muss. Genannt seien hier nur die in den ersten Tagen nicht selten auftretende Übelkeit und die sexuellen Funktionsstörungen wie z. B. Orgasmusstörungen.

In der nachfolgenden Tabelle sind die zurzeit verfügbaren Wirkstoffe aus dieser Substanzgruppe mit einigen Markennamen aufgelistet. Eine Besonderheit des dort aufgelisteten Wirkstoffes Fluctin ist, dass dieses Antidepressivum deutlich langsamer als die übrigen Antidepressiva aus dem Körper ausgeschieden wird und stabile sowie wirksame Konzentrationen im Körper erst nach zwei und mehr Wochen erreicht werden. Auch die Steuerung ist schwierig, da der Wirkstoff nach Absetzen noch über Wochen hinweg im Körper bleibt. Darin kann aber zugleich auch ein Vorteil gesehen werden, da eine wirksame Konzentration im Körper auch dann erhalten bleibt, wenn die Einnahme einmal vergessen worden ist.

Selektive Serotonin-Wiederaufnahme-Hemmer

Wirkstoff (Handelsname)	Anfangsdosis (mg/Tag)	Standardtagesdosis (mg/Tag)	Maximaldosis (mg/Tag)
Citalopram (Cipramil)	20	20	60
Escitalopram (Cipralex)	10	10	30
Fluoxetin (Fluctin)	20	20	60
Fluvoxamin (Fevarin)	100	200	300
Paroxetin (Seroxat, Tagonis)	20	20	60
Sertralin (Zoloft, Gladem)	50	100	200

Weitere und neuere Antidepressiva

In den zurückliegenden Jahren wurde eine Reihe neuerer Antidepressiva auf den Markt gebracht, die ebenfalls relativ selektiv die Botenstoffe Serotonin und Noradrenalin beeinflussen: Hierdurch sind sie wie die SSRI für manche Patienten besser verträglich als die weniger selektiven tri- und tetrazyklischen Antidepressiva. Auch die Gefahr von Vergiftungserscheinungen (»Intoxikationen«) bei Überdosierung ist geringer.

Mirtazapin (Remergil). Mirtazapin hemmt nicht die Wiederaufnahme von Serotonin oder Noradrenalin, sondern beeinflusst diese beiden Botenstoffe über indirekte Mechanismen. Es hat zugleich eine beruhigende (»sedierende«) Wirkung und kann mit einer Gewichtszunahme einhergehen.

Venlafaxin (Trevilor) und Duloxetin (Cymbalta). Diese Substanzen hemmen ähnlich wie die SSRI die Wiederaufnahme von Serotonin und zusätzlich auch die von Noradrenalin. Sie haben deshalb auch ähnliche Nebenwirkungen wie die SSRI. Bei höheren Dosen sind insbesondere unter Venlafaxin Blutdrucksteigerungen beobachtet worden.

Reboxetin (Edronax). Reboxetin ist ein selektiver Wiederaufnahme-Hemmer von Noradrenalin. Zu den Nebenwirkungen dieses Wirkstoffes zählen beispielsweise Mundtrockenheit, Zittern und innere Unruhe.

Agomelatin (Valdoxan). Hierbei handelt es sich um ein Antidepressivum mit einem neuartigen Wirkansatz. Es beeinflusst zwar auch das Serotoninsystem über die Blockade von Rezeptoren (das sind die Andockstellen für Botenstoffe), insbesondere aber die Wirkung des Melatonins. Melatonin ist ein Botenstoff, der an der Steuerung des Tag-Nacht-Rhythmus (»innere Uhr«) beteiligt ist. Agomelatin ist sehr gut verträglich. Da es jedoch vereinzelt zu Veränderungen der Laborwerte der Leber kommt, müssen diese Leberwerte regelmäßig kontrolliert werden.

Monoaminoxidase-Hemmer (MAO-Hemmer)

Die MAO-Hemmer verstärken die Wirkung der Botenstoffe Noradrenalin und Serotonin, indem sie deren Abbau, der durch das Enzym Monoaminoxidase erfolgt, hemmen. Durch die Monoaminoxidase werden die Botenstoffe in wirkungslose Abbauprodukte verwandelt. In Deutschland sind die Wirkstoffe Tranylcypromin (Jatrosom) und Moclobemid (Aurorix) auf dem Markt.

Tranylcypromin (Jatrosom). Der MAO-Hemmer Tranylcypromin wird auch als irreversibler MAO-Hemmer bezeichnet, weil er sich in einer nicht irreversiblen Weise an die Monoaminoxidase heftet und diese dauerhaft inaktiviert. Der Körper muss deshalb nach Absetzen von

Weitere und neuere Antidepressiva

Wirkstoff (Handelsname)	Anfangsdosis (mg/Tag)	Standardtagesdosis (mg/Tag)	Maximaldosis (mg/Tag)
Mirtazapin (Remergil)	15	30	60
Venlafaxin (Trevilor)	75	150	375
Duloxetin (Cymbalta)	60	60	120
Reboxetin (Edronax)	4	6	12
Tranylcypromin (Jatrosom)	10	10–30	› 30 möglich
Moclobemid (Aurorix)	300	450–600	900
Agomelatin (Valdoxan)	25	25	50

Tranylcypromin erst wieder neue Monoaminoxidase für den Abbau der Botenstoffe Serotonin und Noradrenalin bilden. Tranylcypromin ist in der Handhabbarkeit schwierig, da eine konsequente Diät eingehalten werden muss. Durch diese Diät soll die Aufnahme des Eiweißes Tyramin verringert werden, da dieses in Kombination mit Tranylcypromin zu einem gefährlichen Anstieg des Blutdrucks führen kann. Auch Kombinationen der MAO-Hemmer mit anderen Substanzen, die den Botenstoff Serotonin beeinflussen, sind problematisch, da es durch Medikamentenwechselwirkungen zu einer Überaktivität des Serotonins im Gehirn kommen kann. Dies kann zu Vergiftungserscheinungen führen. Tranylcypromin wird meist erst dann eingesetzt, wenn andere Antidepressiva nicht gewirkt haben.

Moclobemid (Aurorix). Inaktiviert in nur reversibler Weise die Monoaminoxidase und zudem nur eine der beiden Unterformen dieses Enzyms. Dadurch ist die Gefahr von Blutdruckanstiegen deutlich geringer als bei Tranylcypromin und eine spezielle Diät ist nicht erforderlich. Auch die Gefahr schwerwiegender Medikamentenwechselwirkungen ist unter dem reversiblen MAO-Hemmer Moclobemid geringer.

Natürliches Antidepressivum: Johanniskraut

Johanniskrautpräparate sind bei Patienten oft beliebt, da sie als Naturheilmittel als sanfter und besser verträglich angesehen werden. Außer für Johanniskrautpräparate ist jedoch für kein pflanzliches Präparat die antidepressive Wirksamkeit belegt. Für einige der Johanniskrautpräparate wurde jedoch in ähnlich strengen Studien, wie für die oben genannten Antidepressiva, die Wirksamkeit in der Akutbehandlung bei leichter bis mittelschwerer Depression belegt. Dies gilt allerdings nur für wenige der angebotenen Johanniskrautpräparate. Die Wirksamkeit bei Patienten mit schwereren Depressionen konnte nicht hinreichend belegt werden. Hier erwies sich Johanniskraut nicht als wirksamer als ein wirkstofffreies Scheinmedikament (»Plazebo«). Erschwerend kommt hinzu, dass Johanniskrautpräparate aus zahlreichen Inhaltsstoffen bestehen, deren Zusammensetzung von Pflanze zu Pflanze schwanken kann. Insofern ist es nicht leicht herauszufinden, welcher oder welche Bestandteile für die Wirksamkeit entscheidend sind (u. a. Hyperforin und Hypericin). Dies erschwert die genaue Dosierung. Johanniskrautpräparate scheinen in ähnlicher Weise auf die Botenstoffe Serotonin und Noradrenalin einzuwirken wie die oben genannten Antidepressiva.

Im Allgemeinen sind Johanniskrautpräparate recht gut verträglich. Zu bedenken sind aber mögliche Medikamentenwechselwirkungen, da das Johanniskraut die Wirkung anderer Medikamente abschwächen kann. Das gilt zum Beispiel für eine Reihe von Antidepressiva oder Herz- und Asthmamittel. Aus diesem Grund sollte Johanniskraut nicht gleichzeitig mit anderen Medikamenten eingenommen werden, ohne das zuvor mit dem behandelnden Arzt abgesprochen zu haben. Als weitere Nebenwirkungen wurden vereinzelt eine erhöhte Lichtempfindlichkeit, Magen-Darm-Beschwerden, Müdigkeit und Unruhe beschrieben.

Andere pflanzliche Präparate

Außer für hochdosiertes Johanniskraut gilt für alle anderen pflanzlichen Präparate wie zum Beispiel Bach-Blüten oder Kava-Kava, die auch zur Behandlung psychischer Beschwerden angeboten werden: Es gibt keine ausreichenden Belege für ihre Wirksamkeit bei depressiven Erkrankungen, sodass ihr Einsatz – insbesondere bei schwereren Depressionen – nicht zu empfehlen ist.

Das passende Antidepressivum finden

Alle genannten Antidepressiva unterscheiden sich nicht sehr deutlich in ihrer antidepressiven Wirksamkeit. Im Schnitt ist durch die Behandlung mit den aufgelisteten Antidepressiva nach vier Wochen bei 50 bis 70 Prozent der Patienten die depressive Symptomatik abgeklungen. Ist die Medikation bei einem einzelnen Patienten nach vier Wochen nicht erfolgreich gewesen, so erfolgt eventuell eine Dosisanpassung, ein Versuch mit einem Medikament aus einer anderen Antidepressivaklasse oder es werden verschiedene Medikamente kombiniert.

Leider gibt es keine Möglichkeiten, sicher vorherzusagen, welches der verschiedenen Antidepressiva bei Ihnen am besten wirkt. Eine größere Rolle für die Auswahl eines bestimmten Antidepressivum als die Wirksamkeit spielen die Verträglichkeit und das Nebenwirkungsprofil.

Einige Ärzte oder andere Behandler bieten an, den »Serotoninspiegel« zu bestimmen und hiermit die Diagnose zu stellen oder danach die Behandlungen auszurichten. Dieses Angebot ist unseriös, da der im Blut bestimmte Serotoninspiegel keine Aussage über den Funktionszustand des Serotoninsystems im Gehirn zulässt und noch weniger das Ansprechen auf Antidepressiva vorhersagen kann.

schen den Antidepressivagruppen deutliche Unterschiede. So leiden Patienten bei der Einnahme von tri- und tetrazyklischen Antidepressiva (TZA) beispielsweise häufiger unter Mundtrockenheit. Werden selektive Serotonin-Wiederaufnahme-Hemmer (SSRI) gewählt, tritt häufig leichte Übelkeit auf, vor allem in den ersten Tagen der Einnahme. Manche Antidepressiva – wie zum Beispiel einige der TZA oder Mirtazapin – haben als Begleiterscheinung eine sedierende (beruhigende) Wirkung, was bei einer Depression, die mit starker Unruhe oder Angst einhergeht, durchaus erwünscht sein kann.

Auswahl anhand der Nebenwirkungen

Da alle vorgestellten Antidepressiva ähnlich gut wirken, spielen für die Auswahl des Präparats andere Aspekte eine Rolle, wie die Verträglichkeit, die Sicherheit bei Überdosierung oder die leichte Handhabbarkeit. In diesen Punkten gibt es zwi-

Weitere Auswahlkriterien

Gefahr der Überdosierung. Ist eine zuverlässige Einnahme nicht sichergestellt (z. B. bei Vergesslichkeit) und besteht die Gefahr der versehentlichen oder gar absichtlichen Mehreinnahme, so sind TZA problematisch, da sie schnell toxische Effekte zeigen, also Vergiftungen bewirken können.

WISSEN

Sind neuere Antidepressiva wirklich besser?

Die neuesten auf dem Markt befindlichen Antidepressiva werden von der Industrie meist am intensivsten beworben. Oft weisen diese neueren Substanzen auch gewisse Vorteile gegenüber den vorhandenen auf. Es muss jedoch für jeden einzelnen Patienten genau überlegt werden, welches Antidepressivum mit welchem Nebenwirkungsmuster für ihn am günstigsten ist. Ein Vorteil älterer Medikamente ist die große Anwendungserfahrung. Bei neuen Medikamenten kam es in der Vergangenheit vor, dass erst nach einigen Jahren seltenere, aber doch bedeutsame Nebenwirkungen erkannt wurden und die Medikamente dann wieder vom Markt genommen werden mussten.

Vorerfahrung. Hat bei einem früheren Behandlungsversuch ein bestimmtes Medikament gut gewirkt, so ist es empfehlenswert, erneut zunächst zu dieser Substanz zu greifen.

Handhabbarkeit. Bei einer Behandlung mit TZA ist eine schrittweise Aufdosierung bis zur wirksamen Dosis innerhalb von ein bis zwei Wochen erforderlich, und oft auch eine Einnahme der Tagesdosen verteilt auf früh, mittags und abends notwendig. Bei neueren Antidepressiva ist die Behandlung unkomplizierter. Es kann meist gleich mit einer wirksamen Dosis, und dies zudem als Einmalgabe, begonnen werden.

Teilnahme am Straßenverkehr. Die Fahrtauglichkeit kann bei schweren Depressionen allein durch die Erkrankung eingeschränkt sein. Antidepressiva mit beruhigender (»sedierender«) Eigenschaft und insbesondere TZA können die Reaktionsfähigkeit und Fahrtauglichkeit zusätzlich beeinträchtigen. Dies gilt verstärkt in der Phase der Aufdosierung zu Beginn der Medikation.

Wechselwirkungen mit anderen Medikamenten. Bei der Auswahl des Antidepressivums müssen weiterhin mögliche Wechselwirkungen mit anderen gleichzeitig eingenommenen Medikamenten berücksichtigt werden. Dabei können sich die Wirkungen bei gleichzeitiger Gabe verschiedener Medikamente gegenseitig verstärken, aber auch abschwächen.

Weitere körperliche Erkrankungen. Und schließlich ist für die Auswahl wichtig, ob bei Ihnen zusätzlich körperliche Erkrankungen vorliegen, die eine Anwendung bestimmter Antidepressiva einschränken.

Praktische Anwendung der Antidepressiva

Alle oben aufgeführten Antidepressiva sind hinsichtlich ihrer Verträglichkeit sorgfältig untersucht und haben ihre Wirksamkeit gegenüber einem Scheinmedikament (Plazebo) in methodisch strengen Studien belegt. Da sie ihre Wirkung nicht wie z. B. Beruhigungsmittel oder Schlafmittel sofort, sondern erst nach etwa zwei bis vier Wochen entfalten, ist seitens der Betroffenen Geduld gefordert. Bitte bringen Sie diese Geduld auf und warten Sie mindestens zwei bis vier Wochen, bis Sie zusammen mit dem Arzt darüber urteilen, ob das Antidepressivum bei Ihnen wirksam ist oder nicht. Geduld zu haben fällt umso schwerer, da bei einigen Antidepressiva Nebenwirkungen wie Übelkeit oft gerade in den ersten ein bis zwei Wochen auftreten.

Ist es nach zwei bis vier Wochen zu keinerlei Besserung der Depression gekommen, so sollte reagiert werden, das heißt die Dosis überprüft, ein weiteres Antidepressivum dazugegeben oder das Antidepressivum abgesetzt und ein neuer

Behandlungsversuch begonnen werden. Diese Schritte erfolgen oft nach einem festen Schema, einem sogenannten Stufenplan. Spätestens nach zwei erfolglosen Therapieversuchen ist in den Stufenplänen meist die Zugabe von Lithium (»Lithiumaugmentation«) vorgesehen. Auch hartnäckige Depressionen können bei diesem Vorgehen meist zum Abklingen gebracht werden.

wichtig

Antidepressiva werden normalerweise als Tabletten oder Dragees eingenommen. Es liegen keine Belege dafür vor, dass Infusionsbehandlungen besser wirken.

Die Behandlung wird vor allem dann erfolgreich sein, wenn Sie sich bei Unsicherheit und Zweifeln vertrauensvoll an Ihren Arzt wenden. Lassen Sie sich die möglichen Nebenwirkungen genau beschreiben, damit Sie in der Lage sind, diese zu erkennen und richtig einzuschätzen. Nicht jede Nebenwirkung erfordert das Absetzen des Antidepressivums. Viele Patienten nehmen zum Beispiel bei einer Behandlung mit TZA die Mundtrockenheit in Kauf, wenn sie merken, dass ihnen das Medikament ansonsten sehr gut hilft. All diese Geduld und Mühen werden in den allermeisten Fällen durch eine entsprechende Besserung der Depression belohnt.

Ihre Mitarbeit ist der Schlüssel zum Behandlungserfolg

Ihre Bereitschaft, die Medikamente wie verordnet und besprochen einzunehmen (Ärzte sprechen hier von »Compliance«), beeinflusst den Krankheitsverlauf entscheidend mit. Sehr oft scheitern Behandlungen daran, dass die Medikamente aus unterschiedlichen Gründen eben nicht wie empfohlen eingenommen werden. Die Gründe hierfür liegen auch in der Erkrankung selbst, zum Beispiel:
- in der krankheitsbedingten Hoffnungslosigkeit (»Hat ja doch keinen Sinn«) und Resignation.

Es gibt sehr wirksame Medikamente gegen Depression. Doch diese Antidepressiva helfen nicht sofort. Die spürbare Besserung tritt meist erst nach 2–4 Wochen der Einnahme auf. Keine Sorge, Antidepressiva machen nicht süchtig!

- in der Angst oder der Überbewertung von Nebenwirkungen. (»Als ich den Beipackzettel mit den beschriebenen Nebenwirkungen gelesen habe, erschien mir das Risiko der Medikamenteneinnahme zu hoch.«)
- nach Abklingen der depressiven Episode in dem Gefühl, die Erkrankung endgültig überwunden zu haben (»Mir ging es wieder gut, und ich sah keinen Grund mehr, das Medikament weiter zu nehmen.«).
- in der Angst, abhängig zu werden oder sich in seiner Persönlichkeit zu verändern (»Ich wollte versuchen, ohne Medikament mit der Krankheit fertig zu werden und nicht von einem Medikament wie von einer Krücke abhängig zu sein.«)
- im Anzweifeln der Angemessenheit der Behandlung. (»Ich habe Probleme in der Partnerschaft und im Beruf, wie soll mir da ein Medikament helfen können?«).
- im Vergessen der regelmäßigen Tabletteneinnahme.

Sie sollten sich keineswegs scheuen, Ihre Sorgen und Bedenken offen dem Arzt mitzuteilen. Auch den Angehörigen kommt hier eine wichtige Rolle zu.

Nicht selten sind Angehörige wenig informiert, was depressive Erkrankungen und Antidepressiva angeht, kennen jedoch den schlechten Ruf der Antidepressiva und raten deswegen dem Erkrankten von den »Psychopillen« ab – mit nachteiligen Folgen für den Betroffenen. Sie sollten viel mehr die Betroffenen in ihrer Medikamenteneinnahme unterstützen.

Welche zusätzlichen Untersuchungen sind erforderlich?

Vor und während der Behandlung mit Antidepressiva sind Bestimmungen des Blutbildes, der Leberwerte, der Schilddrüsenwerte und bei einer Behandlung mit TZA und einigen SSRI ein EKG (»Elektrokardiogramm«) zur Untersuchung der Herzfunktion erforderlich.

Manchmal ist in Verbindung mit der medikamentösen Therapie der Depression auch die Untersuchung der Hirnströme (EEG, »Elektroenzephalografie«) zu empfehlen. Hierdurch können medikamentenbedingte Änderungen der Hirnfunktion erfasst werden wie z. B. eine toxische Reaktion auf Lithium, die gerade bei älteren Menschen vereinzelt auch bei richtiger Konzentration des Lithiums im Blut auftreten kann.

Medikamentöse Behandlung bei wahnhaften Depressionen

Bei manchen Betroffenen verfestigen sich die negativen Gedanken zu einem Wahn. Als Wahn werden unkorrigierbare Überzeugungen bezeichnet, die für die Umwelt kaum nachvollziehbar sind. Hierbei gibt es im Rahmen von Depressionen typische Wahnthemen:
- Die Überzeugung, völlig verarmt zu sein und die Familie in den Ruin gestürzt zu haben (»Verarmungswahn«),
- die Überzeugung, schwerste und nicht wieder gutzumachende Schuld auf sich

geladen zu haben (»Versündigungswahn«) oder
- das sichere Gefühl, an einer tödlichen und unheilbaren Krankheit zu leiden (»hypochondrischer Wahn«).

Die Überzeugung, von anderen bedroht und verfolgt zu werden (»Verfolgungswahn«), ist eher nicht typisch für eine depressive Erkrankung.

Liegt eine wahnhafte Depression vor, so ist sofortige fachärztliche und fast immer eine stationäre Behandlung nötig. Bei dieser schweren Form der Depression ist Suizidalität besonders häufig. Bei der Behandlung werden die oben aufgeführten Antidepressiva eingesetzt, die aber meist mit Psychopharmaka aus einer anderen Gruppe, den Neuroleptika, kombiniert werden. Neuroleptika wirken auf den Botenstoff Dopamin und werden oft im Rahmen anderer psychischer Erkrankungen wie der Schizophrenie eingesetzt.

Behandlung älterer Patienten mit Antidepressiva

Auch bei älteren Patienten können Depressionen mit Antidepressiva gut behandelt werden. Es besteht kein Grund zur Resignation. Durch die Behandlung mit verschiedenen internistischen Medikamenten und durch das im Alter erhöhte Nebenwirkungsrisiko sowie körperliche Begleiterkrankungen erfordert jedoch die Pharmakotherapie der Depression bei älteren Menschen oft fachärztliches Wissen. Eine konsequente Behandlung der Depression ist aber gerade bei alten Menschen wichtig, da nicht nur die Risiken der Behandlung, sondern auch die der Nichtbehandlung erhöht sind. Gerade alte Menschen, die wegen einer schweren Depression kaum mehr das Bett verlassen, sich nicht mehr richtig ernähren und nicht mehr richtig trinken, geraten schnell in eine lebensbedrohliche Situation. Hier ist dann nicht nur auf eine verlässliche Einnahme der verordneten Antidepressiva, sondern auch auf eine ausreichende Ernährung und regelmäßiges Trinken zu achten.

wichtig
Bei älteren Menschen sind die TZA wegen ihrer Wirkung auf das Herz-Kreislauf-System und anderen Nebenwirkungen oft nicht gut geeignet, sodass SSRI oder andere neuere Antidepressiva vorzuziehen sind.

Bei älteren Menschen sollten alle Dosisänderungen langsamer erfolgen, das heißt, oft wird mit der Hälfte der üblichen Dosis begonnen, langsamer aufdosiert und langsamer wieder abgesetzt. Die optimale Dosis nach der Aufdosierung liegt bei älteren Patienten für einige Antidepressiva niedriger, das gilt jedoch nicht für alle.

Behandlung manisch-depressiver Erkrankungen

Bei bipolaren affektiven Erkrankungen kommt es sowohl zum Auftreten depressiver als auch manischer Phasen. Hier muss die Behandlung mit Antidepressiva vorsichtiger erfolgen, da diese ein Umkippen von einer depressiven in eine manische Phase bewirken können. Diese Gefahr ist unter TZA höher als unter SSRI. Oft werden hier zusätzlich Stimmungsstabilisierer eingesetzt, wobei die besten Wirksamkeitsbelege für Lithium vorliegen. Die Behandlung erfordert, auch wegen des Rückfallrisikos, meist fachärztliche Betreuung.

Weitere Medikamente

Es gibt neben den Antidepressiva weitere Medikamente, die nicht selten bei schwereren Depressionen hilfreich sind, obwohl ihre Hauptwirkung nicht direkt auf Depressionen ausgerichtet ist.

Beruhigungsmittel (Tranquilizer, Sedativa)

Beruhigungsmittel führen bereits wenige Minuten nach der Einnahme zu Beruhigung und Entspannung; Ängste und Unruhe nehmen ab. Der bekannteste Vertreter ist Valium. Beruhigungsmittel wirken nicht gezielt gegen die depressive Erkrankung, können jedoch bei manchen Patienten zur Linderung von großen Ängsten und von Unruhe eingesetzt werden. Insbesondere wenn die Betroffenen aus Verzweiflung über Suizid nachdenken, kann eine Behandlung mit derartigen Beruhigungsmitteln nötig sein, um die Zeit bis zum Wirkeintritt der Antidepressiva zu überbrücken.

Zurückhaltung bei der Einnahme solcher Sedativa ist besonders dann angebracht, wenn ein Alkoholmissbrauch oder eine Alkoholabhängigkeit vorliegt, da die mit dem Valium verwandten Beruhigungsmittel ähnlich auf die Hirnfunktion wirken wie Alkohol und ähnliche Suchtmechanismen am Werke sind.

Neuroleptika

Unter Neuroleptika werden eine große Zahl verschiedener Substanzen zusammengefasst, die üblicherweise bei schizophrenen Erkrankungen eingesetzt

> **WISSEN**
>
> **Vorsicht, Suchtgefahr!**
>
> Beruhigungsmittel können bei längerer Einnahme zur Abhängigkeit führen! Beim Absetzen kann es zu verstärkter Unruhe, Schlaflosigkeit, Ängsten oder einem Spannungsgefühl am ganzen Körper kommen, bei abruptem Absetzen nach langer oder hochdosierter Einnahme auch zu Verwirrtheitszuständen und epileptischen Anfällen. Besteht eine derartige Abhängigkeit von Beruhigungsmitteln, so ist meist ein Entzug im Rahmen einer stationären Behandlung erforderlich.

werden. Sie können jedoch auch bei depressiven Patienten hilfreich sein, zum Beispiel um große Unruhe und Angst zu dämpfen. Weiter kommen sie bei schweren und insbesondere wahnhaften Depressionen zum Einsatz (siehe Seite 80).

Rückfallverhütung mit Medikamenten

Die meisten Rückfälle treten während der ersten sechs Monate nach Abschluss der Akutbehandlung auf. Das Risiko eines Rückfalls steigt mit der Anzahl und dem Schweregrad vorausgegangener depressiver Episoden. Bei den bipolaren affektiven Störungen (manisch-depressive Erkrankung) ist das Rückfallrisiko noch größer als bei unipolaren Depressionen.

Das Rückfallrisiko kann deutlich gesenkt werden. Dafür ist jedoch nicht nur der Einsatz moderner Medizin nötig, sondern auch ein möglichst optimales Krankheitsmanagement durch die Betroffenen selbst. Dieses ist oft der alles entscheidende Faktor, der über den weiteren Krankheitsverlauf und damit auch ein Stück weit über das Schicksal des Betroffenen entscheidet.

Im Folgenden schildern wir die medikamentöse Rückfallverhütung. Ob und inwiefern psychotherapeutische Methoden rückfallverhütend wirken können, lesen Sie auf Seite 107. Vorschläge zum wichtigen Eigenbeitrag, den Sie selbst leisten können, finden Sie im Selbsthilfe-Teil.

Wenn die Akutbehandlung und die Erhaltungstherapie erfolgreich abgeschlossen sind, wird Ihr behandelnder Arzt mit Ihnen besprechen, ob in Ihrem Falle eine längerfristige, mehrjährige Rückfallverhütung sinnvoll ist. Es besteht kein Zweifel, dass Menschen, die bereits eine depressive Episode erlitten haben, ohne Behandlung ein recht hohes Risiko tragen, in den nächsten Jahren weitere depressive Episoden zu erleiden. Dieses Risiko kann durch eine Langzeitbehandlung sehr deutlich gesenkt werden.

Wer sollte langfristig Antidepressiva einnehmen?

Bei der Entscheidung für oder gegen eine langfristige Rückfallverhütung mit Medikamenten müssen die Vor- und Nachteile sorgfältig abgewogen werden. Nachteilig ist die Notwendigkeit einer dauerhaften Einnahme von Antidepressiva, eventuell auch damit verbundene Nebenwirkungen.

Demgegenüber steht die Gefahr einer erneuten depressiven Episode. Es ist insbesondere dann dringend eine rückfallverhütende langfristige Behandlung zu empfehlen, wenn die bereits erlittenen depressiven Episoden sehr schwer, vielleicht lebensgefährlich waren, ihre Behandlung sich schwierig gestaltete und das Risiko des Wiederauftretens relativ hoch ist, da der Betroffene bereits mehrere Rückfälle erlitten hat.

Wie funktioniert die Rückfallverhütung?

Ist die Entscheidung für eine längerfristige Rückfallverhütung gefallen, so wird diese bei Patienten mit unipolaren Depressionen meist darin bestehen, das Antidepressivum einfach in unveränderter Dosierung weiterzunehmen. Sofern nicht Nebenwirkungen dazu zwingen, sollte die Dosis nicht reduziert werden, da damit auch das Rückfallrisiko steigen würde.

Eine Alternative zur Weiterführung der Medikation mit dem bisherigen Antidepressivum ist die Einnahme von Lithium. Bei der unipolaren Depression ist dies jedoch meist nur die zweite Wahl, da eine Rückfallverhütung mit Lithium aufwendig ist und eine sehr zuverlässige Kooperation zwischen Arzt und Patient erfordert (siehe unten). Da Lithium auch das Suizidrisiko zu senken scheint, kann es jedoch auch bei unipolarer Depression sinnvoll sein.

Bei Patienten mit bipolaren affektiven Störungen sind Antidepressiva zur Rückfallverhütung mit dem Problem verbunden, dass sie das Umkippen von einer depressiven in eine manische Episode bewirken können. Hier ist Lithium oft das Mittel der ersten Wahl zur Rückfallverhütung. Als Alternative, jedoch mit deutlich schlechterem Wirksamkeitsnachweis, werden oft die auch in der Epilepsiebehandlung gebräuchlichen Medikamente Carbamazepin, Valproinsäure und Lamictal eingesetzt. Zudem kommen auch bestimmte Neuroleptika zum Einsatz.

Rückfallverhütung mit Lithium

Für Lithiumsalze (z. B. »Quilonum«) konnte eine rückfallverhütende Wirkung für Patienten mit bipolaren affektiven Störungen, weniger deutlich für Patienten mit unipolaren Depressionen belegt werden. Die Behandlung erfordert fachärztliches Wissen und eine enge und zuverlässige Kooperation zwischen Patient und Arzt, da sonst die Risiken einer Lithiumbehandlung gegenüber den Vorteilen überwiegen. Die Dosierung wird über die Lithiumspiegel (Konzentration von Lithium im Blut) gesteuert. Dies ist wichtig, da bei zu niedrigen Spiegeln keine Wirksamkeit besteht und bei zu hohen Spiegeln Vergiftungszeichen auftreten.

Insbesondere zu Beginn der Behandlung sind etwa wöchentliche Laborbestimmungen des Lithiumspiegels nötig. Ist der Lithiumspiegel stabil eingestellt, genügen oft 4-wöchentliche Spiegelkontrollen. Die Blutabnahme zur Bestimmung des Lithiumspiegels muss 12 Stunden nach der letzten Einnahme des Lithiums erfolgen, um sicher verwertbar zu sein. Der anzustrebende Bereich des Lithiumspiegels liegt zwischen 0,65 und 0,85 mmol/l. Bei Werten über 1,0 mmol/l ist mit vermehrten Nebenwirkungen und bei Werten über 1,5 mit deutlichen Vergiftungszeichen zu rechnen. Hier muss der Arzt sofort reagieren. Es muss sehr sorgfältig darauf geachtet werden, dass die Lithiumspiegel nicht in toxische Bereiche ansteigen. Das kann durch eine falsche Dosierung von Lithium, durch zu wenig Trinken, durch vermehrtes Schwitzen oder anderen Flüssigkeitsverlust (z. B. bei Fieber), aber auch durch bestimmte Schmerzmittel, entzündungshemmende Mittel und Entwässerungstabletten erfolgen. Zeichen einer Lithiumvergiftung können unter anderem eine verwaschene Sprache, deutliches Zittern der Hände, Durchfall sowie Konzentrationsstörungen sein.

Nebenwirkungen. Zu den Nebenwirkungen, die manchmal unter Behandlung mit Lithium auftreten können, zählen u. a. ein Zittern der Hände (»Handtremor«), vermehrtes Wasserlassen und verstärkter Durst (da mehr Flüssigkeit über die Niere ausgeschieden wird), Schilddrüsenunterfunktion, Gewichtszunahme und selten Auslösen oder Verstärken von Hautausschlägen.

Langsames Absetzen. Das Absetzen des Lithiums bei einer rückfallverhütenden Behandlung muss über viele Wochen hinweg erfolgen, da sonst ein deutlich erhöhtes Rückfallrisiko besteht. Bitte setzen Sie das Lithium unter keinen Umständen selbstständig, sondern nur nach Rücksprache mit einem Arzt – am besten einem Facharzt – ab.

Wer profitiert von Lithium? Lithium wird nicht nur zur Rückfallverhütung bei Patienten mit bipolaren affektiven Störungen und manchmal auch unipolaren affektiven Erkrankungen eingesetzt, sondern auch zur Akutbehandlung der Manie und bei therapieresistenten Depressionen im Rahmen einer Lithiumaugmentation. Mit Lithiumaugmentation wird die Zugabe von Lithium zu einer laufenden Behandlung mit einem Antidepressivum bezeichnet, das alleine noch nicht gewirkt hat. Häufig ist bei Zugabe des Lithiums nach wenigen Tagen ein Abklingen der depressiven Episode zu beobachten.

Das Suizidrisiko wird vermutlich gesenkt. Für Lithium gibt es zahlreiche Hinweise, dass es das Risiko suizidaler Handlungen senkt. In mehreren Studien und Langzeitbeobachtungen wurde ein niedrigeres Suizidrisiko bei mit Lithium gegenüber nicht mit Lithium behandelten Patienten gefunden. Auch wenn diese antisuizidale Wirkung des Lithiums noch nicht

> **WISSEN**
>
> **Rückfallstudie**
>
> In einer methodisch guten Studie erlitten die Patienten, die mit einem Scheinmedikament (»Plazebo«) behandelt worden waren, innerhalb von drei Jahren zu über 80 Prozent einen Rückfall. In der Gruppe, in der die Patienten ein Antidepressivum erhielten, bekamen nur weniger als 20 Prozent eine erneute depressive Episode. In dieser Studie war das Rückfallrisiko vergleichsweise hoch, da nur Patienten in diese Untersuchung eingeschlossen wurden, die bereits früher Rückfälle erlitten hatten.

ganz gesichert ist, so spricht bereits jetzt einiges dafür, dass bei deutlich suizidgefährdeten Patienten mit rezidivierenden Depressionen die Möglichkeit einer Langzeitbehandlung mit Lithium in Betracht gezogen werden sollte.

Medikamente plus Psychotherapie?

Ob und in welcher Weise medikamentöse und psychotherapeutische Behandlung kombiniert werden, muss bei jedem einzelnen Betroffen erneut sorgfältig abgewogen werden. Nicht immer ist eine Kombination nötig und der beste Weg. Hinsichtlich der Behandlung einer akuten depressiven Episode gibt es einige wissenschaftliche Belege, dass eine Kombination der beiden Behandlungsansätze einer Behandlung nur mit einem der beiden überlegen ist. Bei leichteren Depressionen kann eine alleinige Psychotherapie ausreichend sein.

Bei mittelschweren und schweren Depressionen steht oft die Pharmakotherapie im Zentrum, insbesondere in der akuten depressiven Episode. Bei schweren Depressionen sind viele Betroffene gar nicht in der Lage, sich aktiv an einer kognitiven Verhaltenstherapie oder Interpersonellen Therapie zu beteiligen, und würden dies nur als zusätzliche quälende Belastung erleben.

Nach Abklingen der depressiven Episode kann dann aber auch bei diesen Patienten zur Rückfallverhütung eine Psychotherapie zusätzlich zur Pharmakotherapie empfehlenswert sein.

Die kombinierte Therapie erscheint auch dann sinnvoll, wenn nach Abklingen der depressiven Episode weiterhin massive zwischenmenschliche Konflikte bestehen oder der Patient sich durch bestimmte Verhaltensgewohnheiten immer wieder in Überlastungssituationen manövriert. Auch Patienten, bei denen unter einer Pharmakotherapie die Depression nur teilweise abgeklungen ist, profitieren besonders von einer zusätzlichen Psychotherapie.

Psychotherapie

Der Erfolg einer Psychotherapie hängt nicht nur von der richtigen Methode, sondern auch ganz entscheidend von der vertrauensvollen therapeutischen Beziehung sowie Ihrer Motivation und Mitarbeit ab. Ihr Therapeut wird Sie unterstützen und begleiten, aber die erforderlichen Veränderungsschritte müssen Sie selbst tun. Daher macht Psychotherapie nur bei leichten oder mittelschweren Depressionen Sinn bzw. erst dann, wenn eine schwere Depression deutlich abgeklungen ist.

Wie wirksam ist Psychotherapie?

Die Psychotherapie unterscheidet sich von anderen Behandlungsmethoden dadurch, dass sie zur Erreichung ihrer Behandlungsziele psychologische Mittel einsetzt. Es stehen zahlreiche psychotherapeutische Verfahren zur Verfügung, die sich in ihren theoretischen Grundannahmen, dem praktischen Vorgehen und auch den Behandlungszielen unterscheiden.

Einige psychotherapeutische Verfahren konnten ihre Wirksamkeit in Studien belegen, für andere Verfahren ist das nicht ausreichend gelungen oder die Wirksamkeit wurde noch nicht hinreichend untersucht. Daher ist eine abschließende Beurteilung hier nicht möglich. Trotzdem werden einige dieser Verfahren in der psychotherapeutischen Praxis häufig eingesetzt.

Grundsätzlich ist es empfehlenswert, sich für ein erwiesenermaßen wirksames Therapieverfahren zu entscheiden. Im Rahmen einer ambulanten Psychotherapie werden auch nur solche Verfahren von der Krankenkasse bezahlt.

> ## WISSEN
> ### Probatorische Sitzungen
> Wenn Sie sich für einen Psychotherapeuten mit Kassenzulassung entschieden haben, zahlt Ihre Krankenkasse Ihnen zunächst 5 Probesitzungen (»probatorische Sitzungen«). In dieser Zeit können Sie entscheiden, ob Sie die Therapie fortsetzen möchten oder ob Sie lieber zu einem anderen Psychotherapeuten wechseln möchten. Bedenken Sie aber, dass Sie hier erneut mit Wartezeiten rechnen und inhaltlich wieder ganz von vorne beginnen müssen.

Therapie: Wege aus der Depression

Für den Erfolg einer psychotherapeutischen Behandlung ist neben einer fundierten Ausbildung und der Erfahrung sowie der Persönlichkeit des Psychotherapeuten eine tragfähige Beziehung zwischen Patient und Therapeut nötig. Darüber hinaus erfordert eine Psychotherapie von dem Betroffenen die Motivation, Bereitschaft und Fähigkeit zu einer intensiven Mitarbeit. Aus diesem Grund eignen sich Psychotherapien vorrangig für leichte bis mittelschwere Depressionen. Im Einzelfall können auch Betroffene einer schweren Depression von einer spezifischen Psychotherapie profitieren. In vielen Fällen ist es jedoch sinnvoller, erst dann mit der Psychotherapie zu beginnen, wenn die Depression nachgelassen hat beziehungsweise vollständig abgeklungen ist.

Wann ist mit einer Besserung zu rechnen?

Bereits eine medikamentöse Behandlung erfordert von den Betroffenen Geduld. Im Rahmen einer psychotherapeutischen Behandlung ist in der Regel ein noch längerer Atem nötig. Es kann sein, dass Sie sich bereits nach wenigen Sitzungen deutlich besser fühlen. Ebenso kann es aber sein, dass Sie zunächst keine Besserung bemerken. Dies muss aber nicht heißen, dass Ihre Therapie zum Scheitern verurteilt ist. Bedenklich wird es allerdings, wenn Ihre Beschwerden nach etwa 25 Sitzungen beziehungsweise einem halben Jahr psychotherapeutischer Behandlung immer noch unverändert bestehen. In diesem Fall sinkt die Wahrscheinlichkeit, dass sich Ihr Befinden im weiteren Therapieverlauf noch deutlich bessert.

Haben Sie dagegen schon einige Teilerfolge erzielt, aber Ihr persönliches Therapieziel noch nicht erreicht, stehen die Chancen auf weitere Erfolge durch eine Fortführung der Behandlung gut.

Bitte lassen Sie sich von dem manchmal steinig erscheinenden Weg einer psychotherapeutischen Behandlung nicht abschrecken. Sie werden auf diesem Weg von

---

Bei der Psychotherapie kommt es entscheidend auf Ihre Mitarbeit und Motivation an. Der Psychotherapeut unterstützt Sie und leitet Sie an, doch die nötigen Veränderungsschritte kann er nicht für Sie tun.

Ihrem Psychotherapeuten begleitet und können letztendlich selbst bestimmen, wie schnell Sie Probleme angehen wollen und können. In vielen Fällen wachsen Mut und Zuversicht auch mit den Fortschritten, die Sie in der Therapie erzielen.

Wer trägt die Kosten?

In Deutschland übernehmen die gesetzlichen Krankenkassen im Rahmen einer ambulanten Psychotherapie die anfallenden Behandlungskosten von solchen Verfahren, die zu den »Richtlinienverfahren« zählen. Konkret sind das die Verhaltenstherapie und die psychodynamischen Therapien (psychoanalytische Kurzzeittherapie, tiefenpsychologisch fundierte Psychotherapie und die Psychoanalyse).

Psychotherapieverfahren, die im ambulanten Rahmen von den gesetzlichen Krankenkassen bezahlt werden

	kognitive Verhaltenstherapie	tiefenpsychologisch fundierte Therapie	Psychoanalyse
Behandlungsfokus	- erlerntes Verhalten - Kognitionen - Einstellungen	aktuelle psychische Konflikte	Dynamik unbewusster psychischer Kräfte
Vorgehen	- Einzel- oder Gruppensitzungen - gegenwartsorientiert - klar strukturiert	je nach Verfahren Einzel- oder Gruppensitzungen	- Einzelsitzungen - Patient liegt auf Couch - Thematisierung früher Erinnerungen - wenig strukturiert
Dauer der Behandlung	- 1–2-mal pro Woche im Durchschnitt 16–40 Sitzungen (gegen Therapieende auch größere Zeitabstände) - im Einzelfall auch mehr	1–2-mal pro Woche, im Durchschnitt 60 Sitzungen	- oft mehrere Sitzungen pro Woche - über Jahre
Wirksamkeit bei Depressionen	gut belegt	Wirksamkeit vorwiegend bei gleichzeitig bestehenden Persönlichkeitsstörungen belegt	keine wissenschaftlich überzeugenden Studien vorhanden

Die Kosten können von den Krankenkassen aber nur dann übernommen werden, wenn der Psychotherapeut eine Kassenzulassung für das jeweilige Richtlinienverfahren besitzt. Diese Kassenzulassung berechtigt ihn, seine Leistungen direkt mit den Krankenkassen abzurechnen (siehe Tabelle Seite 90). Andere Verfahren wie die Gesprächspsychotherapie (GPT), die interpersonelle Therapie (IPT) oder die systemische Therapie sind im Rahmen einer ambulanten Behandlung von den gesetzlichen Kassen nicht erstattungsfähig und müssten aus eigener Tasche bezahlt werden. Einige private Krankenkassen übernehmen auch diese Kosten. Wichtig ist, dass Sie die Übernahme der anfallenden Kosten vor Behandlungsbeginn mit Ihrer Krankenkasse abklären. Ihr Psychotherapeut kann Sie hier unterstützen und Ihnen die eventuell erforderlichen Unterlagen zur Verfügung stellen.

Im Rahmen einer stationären Behandlung können und werden neben den Richtlinienverfahren oft weitere Psychotherapieverfahren wie die Gesprächspsychotherapie oder die systemische Therapie eingesetzt. Die Kosten dafür werden von den Krankenkassen über die bezahlte Fallpauschale getragen und müssen vom Patienten selbstverständlich nicht zusätzlich bezahlt werden. Dies gilt auch für ergänzende Behandlungsangebote wie Psychoedukation, Ergo-, Kunst- und Gestaltungstherapie oder Entspannungstechniken.

Wirksam: kognitive Verhaltenstherapie

Die (kognitive) Verhaltenstherapie ist das psychotherapeutische Verfahren mit den mit Abstand besten Wirksamkeitsbelegen bei der Behandlung von Depressionen. Sie zählt zu den Richtlinienverfahren, die auch bei ambulanter Therapie sowohl von den gesetzlichen Krankenkassen als auch von den privaten Kassen, sofern diese Leistungen mitversichert wurden, bezahlt wird.

Die Grundlagen der Verhaltenstherapie

Die Verhaltenstherapie beruht auf der Lerntheorie und konzentriert sich auf das nach außen sichtbare Verhalten des Betroffenen und den damit zusammenhängenden Auswirkungen. Für Verhaltenstherapeuten ist eine Depression das Ergebnis ungünstiger Lernprozesse auf der Ebene des Verhaltens (Verstärker-Verlust-Modell) beziehungsweise des Denkens (Modell der erlernten Hilflosigkeit; kognitives Modell).

Verstärker-Verlust-Modell. Dieses Modell geht davon aus, dass eine Depression durch zu wenig »positive Verstärkung« ausgelöst werden kann. Demnach mangelt es depressiven Menschen an angenehmen Erfahrungen und Erlebnissen – vor allem im zwischenmenschlichen Bereich.

Therapie: Wege aus der Depression

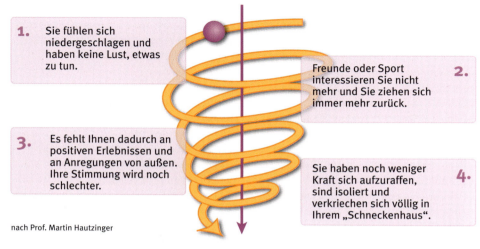

▲ Niedergeschlagenheit und Rückzug können in eine abwärts gerichtete Depressionsspirale führen (nach Prof. Martin Hautzinger).

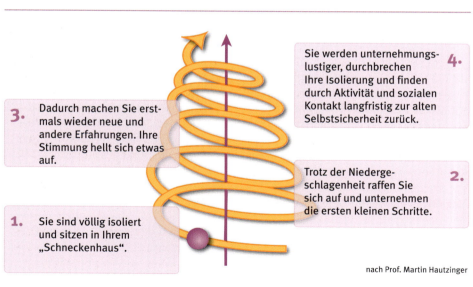

▲ Sich trotz Niedergeschlagenheit aufraffen und bewusst kleine Schritte unternehmen, die die Stimmung aufhellen, führen aufwärts in der Depressionsspirale (nach Prof. Martin Hautzinger).

Dadurch, dass bestimmte Verhaltensweisen (z. B. auf andere Menschen zugehen und mit ihnen reden) immer seltener »belohnt« werden – also zu positiven Erlebnissen führen – werden sie immer mehr reduziert und verschwinden schließlich ganz. Auf diese Weise gerät der Betroffene in einen Teufelskreislauf, der ihn immer passiver und unglücklicher werden lässt.

Ein Ziel der Verhaltenstherapie ist es nun, die Zahl der angenehmen Aktivitäten systematisch zu erhöhen. Dadurch lernt der Betroffene Verhaltensweisen, für die er höchstwahrscheinlich belohnt wird. Gleichzeitig verbessern sich seine sozialen Fertigkeiten und er wird selbstsicherer.

Modell der erlernten Hilflosigkeit. Auch das »Modell der erlernten Hilflosigkeit« sieht eine Depression als Folge eines verhängnisvollen Lernprozesses. Im Laufe seines Lebens hat ein Depressiver gelernt, dass alle Anstrengungen anscheinend vergeblich sind. Er fühlt sich somit den Launen des Schicksals schutzlos ausgeliefert und verliert zunehmend die Lust, sein Leben aktiv zu gestalten. Dadurch wird er immer passiver und anfälliger für depressive Erkrankungen.

Kognitives Modell. Im Zuge der Weiterentwicklung der Verhaltenstherapie wurden in den vergangenen Jahrzehnten neben dem sichtbaren Verhalten auch nicht direkt beobachtbare psychische Abläufe (»Kognitionen«) mit in die Behandlung aufgenommen. Der Begriff »Kognition« (lat. cognoscere = erkennen) umfasst alle Prozesse des Wahrnehmens, Erkennens, Begreifens, Urteilens und Rückschließens. Diese sogenannte »kognitive Wende« führte dazu, dass die Verhaltenstherapeuten von da an größeren Wert auf innere (geistig-seelische) Erfahrungen wie Gedanken, Gefühle, Wünsche und Einstellungen legten. Nach Auffassung der kognitiven Verhaltenstherapeuten sind es weniger die unerwünschten Ereignisse, die depressiv machen (z. B. Verlassenwerden durch den Partner), sondern die Wahrnehmung, Verarbeitung und vor allem die Bewertung dieser Situation durch den Betroffenen. (»Kein Wunder, dass er mich verlassen hat, ich bin es ja auch nicht wert geliebt zu werden!«)

Negative Bewertungen. Charakteristisch für depressive Menschen ist demnach, dass sie grundsätzlich sich selbst die Schuld für negative Ereignisse geben und ihre gegenwärtige Lebenssituation sowie ihre Zukunftsaussichten äußerst und unveränderlich pessimistisch einschätzen. Bestimmen diese negativen Gedanken den Alltag des Betroffenen, werden gegenteilige positive Erfahrungen verhindert. Der Betroffene bleibt in seinen negativen Gedankenstrukturen gefangen.

Negatives Denken bedrückt. Kognitive Verhaltenstherapeuten gehen von einer engen Verbindung zwischen dem menschlichen Denken, Fühlen und Handeln aus. Entsprechend können sich die negativen Denkmuster eines depressiven Menschen auf der Gefühlsebene zum Beispiel durch Niedergeschlagenheit und auf der Handlungsebene durch Antriebsschwäche ausdrücken.

Therapie: Wege aus der Depression

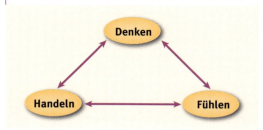

▲ Unser Denken, Handeln und Fühlen beeinflusst sich gegenseitig.

In der Therapie wird der Betroffene dabei unterstützt, seine depressiv machenden Gedanken, Gefühle und Verhaltensweisen entsprechend zu verändern.

Welche Ziele werden verfolgt?

Bei der Depressionsbehandlung im Rahmen einer kognitiven Verhaltenstherapie werden unter anderem die folgenden drei übergeordneten Ziele verfolgt:
- Sie werden dabei unterstützt, wieder aktiver zu werden und auch angenehme Aktivitäten zu planen.
- Ihr Verhalten im Umgang mit anderen Menschen – z. B. gegenüber Ihrem Partner, Freunden, aber auch fremden Personen – soll verbessert werden mit dem Ziel, Ihr soziales Netz zu stärken.
- Sie lernen, ungünstige Einstellungen und Überzeugungen, wie beispielsweise automatische pessimistische Schlussfolgerungen (»was schiefgehen kann, geht bei mir auch schief«), durch besser geeignete Alternativen zu ersetzen. Im Sinne einer »Hilfe zur Selbsthilfe« lernen Sie, nach und nach mehr Verantwortung für sich und Ihr Leben zu übernehmen und auftauchende Probleme und Krisen schließlich allein zu bewältigen. Auf diese Weise soll das Rückfallrisiko nach Ende der Therapie verringert werden.

Beispiel: negative Denkmuster überprüfen.
Situation: »Mein Chef hat mich für morgen früh zu einer Unterredung in sein Büro gebeten.«

Gefühl: »Angst, innere Unruhe, kann mich nicht mehr konzentrieren.«

Automatischer Gedanke: »Ich habe bestimmt wieder etwas falsch gemacht – wie immer. Bestimmt werde ich wieder gekündigt! Was wird dann aus meiner Familie?«

Rationaler Gedanke: »In der letzten Zeit ist vieles gut gelaufen, und ich habe eigentlich das meiste geschafft, was ich mir vorgenommen habe. Natürlich mache ich gelegentlich auch mal Fehler, aber das ist bei allen Mitarbeitern so. Dass ich jetzt aufgeregt bin, ist normal. Ich werde mir in aller Ruhe anhören, was der Chef mit mir besprechen will.

Ergebnis: Immer noch angespannt – aber schon wesentlich ruhiger.

Lohnt sich für mich eine kognitive Verhaltenstherapie?

Eine Depressionsbehandlung mit Antidepressiva ist sinnvoll und speziell bei schweren Formen der Depression sogar Voraussetzung für eine psychotherapeutische Behandlung. Im Rahmen einer Verhaltenstherapie können Sie jedoch darüber hinausgehend lernen, langfristig und ohne fremde Unterstützung gegen depressiv machende Verhaltensweisen und Gedanken anzukämpfen. Die Therapiefortschritte werden Ihr Vertrauen in Ihre Fähigkeiten stärken, die Depression aushalten und überwinden zu können. Insbesondere können Sie lernen, wie Sie zukünftig kritische Situationen wie beispielsweise akute Überforderungen frühzeitig erkennen und so das Risiko, erneut zu erkranken, reduzieren können.

Einzel- oder Gruppentherapie?

Die kognitive Verhaltenstherapie kann sowohl als Einzel- als auch als Gruppentherapie durchgeführt werden. Inhaltlich werden hier im Prinzip die gleichen Verfahren und Techniken eingesetzt und eingeübt. Beide Settings haben ihre Vor- und Nachteile. Gruppentherapien werden von Psychotherapiepraxen allerdings nur sehr selten angeboten und finden mehr im stationären Bereich statt.

Während sich in der Einzeltherapie jeweils ein Psychotherapeut beziehungsweise eine Psychotherapeutin mit einem Betroffenen beschäftigt, teilen sich in der Gruppentherapie durchschnittlich vier bis acht Teilnehmer einen – in Ausnahmefällen auch zwei – Psychotherapeuten.

Eine einzeltherapeutische ambulante Verhaltenstherapie zur Behandlung von Depressionen umfasst für leichte bis mittelschwere Depressionen eine durchschnittliche Behandlungsdauer von 16 bis 30 Sitzungen in wöchentlichem Abstand – bei Bedarf auch mehr. Handelt es sich um eine schwerere Form der Depression, so sind über einen Zeitraum von mindestens vier bis fünf Wochen zwei Sitzungen pro Woche empfehlenswert. Gegen Ende der Psychotherapie finden die Treffen mit dem Therapeuten dann nur noch alle zwei Wochen statt. Damit ein drohender Rückfall frühzeitig erkannt und behandelt werden kann, sind nach Abschluss der Therapie drei bis vier jährliche Kontrollsitzungen sinnvoll.

Der Vorteil einer Einzeltherapie ist, dass sich der Therapeut ganz auf die Bedürfnisse seines Patienten einstellen kann. Für eine ambulante Gruppentherapie oder Gruppenintervention sollten Sie etwa 12 bis 20 zweistündige Sitzungen ein- bis zweimal wöchentlich einplanen. Auch hierbei handelt es sich um einen Durchschnittswert, der im konkreten Einzelfall ganz anders aussehen kann. Eine Gruppentherapie hat den Vorteil, dass der Betroffene in einem geschützten Rahmen neue Verhaltensweisen und deren Wirkung auf die Umwelt ausprobieren kann, wie beispielsweise Nein zu sagen oder Kritik zu üben.

Depressive Denkmuster bekämpfen

Ein zentrales Ziel der kognitiven Verhaltenstherapie besteht in der Veränderung eingefahrener negativer Denkmuster. Das folgende Beispiel von Herrn L. soll veranschaulichen, wie die konkreten Therapieschritte dazu aussehen könnten. Da jede Behandlung individuell verläuft, wird Ihre Therapie natürlich nicht genauso ablaufen. Aber das Beispiel verdeutlicht gut, worum es in der kognitiven Verhaltenstherapie eigentlich geht.

Der 39-jährige Peter L. (verheiratet, kinderlos) hat vor einiger Zeit unerwartet seinen Arbeitsplatz als technischer Sachbearbeiter in einer kleinen Firma verloren. Nach einigen erfolglosen Bewerbungen erhielt er schließlich ein neues Jobangebot, das jedoch den Umzug in eine andere Stadt erforderlich machte. Peter L. fühlte sich an seinem neuen Arbeitsplatz von Anfang an nicht sehr wohl. Als besonders schwierig empfand er den Umgang mit den Kollegen. Er hatte das Gefühl, dass sie ihn meiden und sich hinter seinem Rücken über ihn lustig machen.

Peter L. beginnt daraufhin viel über sein eigenes Verhalten und seine Fehler in der Vergangenheit zu grübeln. Er fühlt sich zunehmend erschöpft und vernachlässigt seine Freunde und Hobbys. Auch von seiner Frau zieht er sich immer mehr zurück. Als er sich – nicht zuletzt auf ihr Drängen hin – für eine psychotherapeutische Behandlung entscheidet, fühlt er sich hoffnungslos, niedergeschlagen und stark erschöpft. Zudem ist er unsicher, ob eine Psychotherapie ihm tatsächlich helfen kann.

1. Phase: Kennenlernen und informieren

Zu Beginn der kognitiven Verhaltenstherapie bittet der Psychotherapeut Peter L. darum, die für ihn besonders belastenden Auswirkungen und Gefühle seiner Erkrankung ausführlich zu beschreiben. Peter L. ist beruhigt, dass der Therapeut sich mit der Depression offenbar gut auskennt und seine Situation von anderen Patienten her zu kennen scheint. Darüber hinaus erklärt er Peter L., was eine Depression genau ist und wie die Bausteine und Ziele einer kognitiven Verhaltenstherapie aussehen. Dadurch wird Peter L. mehr zu einem Experten in eigener Sache.

Einige Aussagen seines Therapeuten empfindet Peter L. als besonders hilfreich:
- Eine Depression ist eine äußerst unangenehme Erkrankung, die nicht ernst genug genommen werden kann. Sie führt aber nicht dazu, dass Sie »verrückt werden« oder den »Verstand verlieren«.

Depressive Denkmuster bekämpfen

- Depressionen können jeden treffen, wirklich jeden. Sie haben einfach das Pech, an einer Depression erkrankt zu sein, und sind deswegen nicht etwa willensschwach, unfähig oder schlecht. Sobald Ihre Krankheit erfolgreich behandelt wurde, verschwinden auch die Krankheitszeichen wie Antriebsschwäche oder Konzentrationsprobleme wieder.
- Auch wenn Sie hoffnungslos sind: Viele andere depressiv erkrankte Menschen mussten Ähnliches durchleiden und konnten dennoch die Depression überwinden und wieder ein befriedigendes Leben führen.
- Depressionen sind gut behandelbare Erkrankungen und die kognitive Verhaltenstherapie ist ein wirksames Behandlungsverfahren.

2. Phase: Wie hängen Denken, Fühlen und Handeln zusammen?

In der zweiten Phase seiner Psychotherapie beschäftigt sich Peter L. mit dem Zusammenhang zwischen seinem Denken, Fühlen und Handeln. Er erkennt, wie sich sein negatives Selbstbild (»Ich bin ein kompletter Versager«) konkret auf sein Verhalten auswirkt (»Am besten bleibe ich wieder das ganze Wochenende im Bett liegen. Dann kann ich wenigstens nichts falsch machen!«). Darüber hinaus merkt Peter L. zunehmend besser, in welchen Situationen er zu grübeln beginnt und sich dann immer wieder gedanklich und ohne Ergebnis im Kreis dreht (»Gedankenkarussell«). Er versucht sich dann gezielt abzulenken und beispielsweise erst wieder ins Bett zu gehen, wenn er sich wirklich müde fühlt.

3. Phase: Den Alltag in den Griff bekommen

In der dritten Phase lernt Peter L. die »Erfolg-Vergnügen-Technik« als alternatives Denk- und Wahrnehmungsmodell kennen.

WISSEN

Sich fordern, aber nicht überfordern

Idealerweise achtet Ihr Psychotherapeut gemeinsam mit Ihnen darauf, dass Sie sich durch die Therapie nicht zu viel, aber auch nicht zu wenig gefordert fühlen. Sollten Sie jedoch das Gefühl haben, dass Sie und Ihr Psychotherapeut einfach keinen Draht zueinander finden, fühlen Sie sich missverstanden oder schlecht betreut, sollten Sie über einen Wechsel Ihres Therapeuten nachdenken. Dies sollte möglichst innerhalb der ersten fünf probatorischen Sitzungen passieren, die genau dem Zweck dienen, dass sowohl Klient als auch Therapeut herausfinden können, ob die Chemie zwischen ihnen stimmt und sie vertrauensvoll zusammenarbeiten können. Wechseln Sie erst später, übernimmt Ihre Krankenkasse möglicherweise die Kosten für eine weitere Behandlung nicht mehr.

Hierzu erstellt Peter L. einen detaillierten Wochenplan, in dem er gezielt angenehme (»Vergnügen«) und herausfordernde (»Erfolg«) Aktivitäten einplant. Der Therapeut bereitet Peter L. darauf vor, dass er möglicherweise zu Beginn der Aktivitätenplanung wenig bis gar kein »Vergnügen« empfinden wird, und empfiehlt für diesen Fall zunächst neutrale und leicht zu bewältigende Routineaufgaben.

4. Phase: Wieder Kontakte knüpfen und pflegen

In der vierten Therapiephase der Psychotherapie beschäftigt sich Peter L. mit seinen sozialen Kontakten und den damit verbundenen Schwierigkeiten. Unter anderem üben Peter L. und sein Therapeut für ihn schwierige Situationen – wie etwa Kritik sachlich und angemessen zu äußern oder Nein zu sagen – in Rollenspielen ein.

5. Phase: Pessimistische Denkmuster überwinden

In der fünften und letzten Therapiephase lernt Peter L. unter anderem mithilfe von Selbstbeobachtungsübungen eingefahrene negative Denkmuster in seinem Alltag zu entdecken. Er übt, diese zu überprüfen und möglichst durch besser geeignete Alternativen zu ersetzen.

Psychoanalyse: nicht die 1. Wahl bei Depression

Bei der Psychoanalyse handelt es sich um die älteste und wohl auch bekannteste Form der Psychotherapie. Zugleich sind mit diesem Therapieverfahren ein komplexes Theoriegebäude und ein besonders hoher Anspruch verknüpft: Durch die Psychoanalyse sollen tief greifende und dauerhafte Persönlichkeitsveränderungen erreicht werden, die zu einer vollständigen Heilung der jeweiligen Erkrankung führen. Die Psychoanalyse gehört ebenfalls zu den Richtlinienverfahren, die auch in ambulanter Therapie von gesetzlichen Krankenkassen bezahlt werden.

Lange Zeit wurde deshalb die Auffassung vertreten, dass leichtere Formen psychischer Erkrankungen verhaltenstherapeutisch und schwerere Formen psychoanalytisch behandelt werden sollten. Diese These gilt in der Zwischenzeit als widerlegt: Von der Psychoanalyse scheinen eher stabile und relativ gesunde Betroffene zu profitieren.

wichtig
Für die Akutbehandlung einer schwereren depressiven Störung ist die Psychoanalyse dagegen weniger geeignet. Die Wirksamkeitsbelege sind weniger klar als bei der kognitiven Verhaltenstherapie.

Kontrovers diskutiert wird auch, ob mithilfe der Psychoanalyse Rückfälle vermieden werden können. Bislang sind mögliche Risiken einer Psychoanalyse – wie das Auslösen von Suizidalität oder eine zunehmende Unselbstständigkeit des Klienten – nicht hinreichend untersucht worden.

Einzelne psychoanalytische Elemente wurden allerdings auch von anderen Psychotherapieverfahren – wie etwa von der »Interpersonellen Therapie« (IPT) oder vom »Cognitive Behavioral Analysis System for Psychotherapy« (CBASP) – übernommen. Andersherum bauen auch viele psychoanalytisch orientierte Psychotherapeuten inzwischen Elemente der kognitiven Verhaltenstherapie mit in ihre Behandlung ein.

Grundlagen der Psychoanalyse

Begründer der Psychoanalyse war der bekannte Wiener Arzt Sigmund Freud (1856–1939). Laut Freud wird das Erleben und Verhalten von Menschen vor allem von unbewussten inneren Kräften bestimmt. Dieses Zusammenspiel wird von drei inneren Prinzipien gesteuert: dem »Es«, der Verkörperung des Lustprinzips und der Triebregungen; dem »Über-Ich«, der Herberge des Gewissens und der Werte wichtiger Bezugspersonen – meistens der Eltern; und schließlich dem »Ich«, dem Vermittler zwischen den beiden widersprüchlichen Instanzen. Dauerhafte Konflikte und Ungleichgewichte zwischen diesen drei psychischen Instanzen können dem Psychoanalytiker zufolge zu seelischen Problemen und Störungen führen, die mithilfe der Psychoanalyse aufgedeckt und bearbeitet werden können. Psychoanalytiker sehen in der Depression unter anderem eine Folge nicht ausgelebter Aggressionen, die schließlich gegen die eigene Person gerichtet werden.

Die Wurzeln dieses Ungleichgewichts und der daraus resultierenden psychischen Störung werden oft in traumatischen Erfahrungen der frühen Kindheit gesehen, die der Betroffene ins Unbewusste verdrängt hat. Im Rahmen einer klassischen Psychoanalyse versucht der Patient an diese unzugänglichen Gedächtnisinhalte mithilfe psychoanalytischer Techniken (z. B. dem »Freien Assoziieren« oder der »Traumdeutung«) wieder heranzukommen, um diese dann mithilfe des Analytikers durcharbeiten und überwinden zu können.

Im Rahmen einer Psychoanalyse bietet sich der Analytiker als eine Art Projektionsfläche für die verdrängten Gefühle, Wünsche und Ängste an, die wichtige Bezugspersonen (Mutter, Vater, Geschwister) des Betroffenen nicht zulassen konnten. Auf diese Weise soll Versäumtes nachgeholt und endgültig abgeschlossen werden können.

Therapiephasen

Prinzipiell verläuft die psychoanalytische Behandlung bei einer Depression in folgenden Phasen. Natürlich kann der individuelle Ablauf von diesem pauschalen Schema stark abweichen.

> ## WISSEN
> ### Was bedeutet Übertragung?
> Unter dem Begriff Übertragung wird im Rahmen einer psychoanalytischen Behandlung die erwünschte Projektion verdrängter frühkindlicher Liebes-, Wunsch-, und Hassgefühle auf den Analytiker verstanden, die ursprünglich den Eltern galten. Die Bearbeitung dieser intensiven Gefühle ist ein wichtiger Gegenstand der Psychoanalyse.

1. Phase. Nach Auffassung der Psychoanalytiker leidet ein depressiver Patient beispielsweise unter einem entwerteten Selbstbild und tiefer Hoffnungs- und Hilflosigkeit. Laut dem Psychoanalytiker hofft er, in dem Analytiker ein idealisiertes Objekt zu finden. Der geschützte Therapierahmen soll es ihm ermöglichen, seine inneren Konflikte auszuleben.

2. Phase. In der zweiten Phase soll der Klient erneut die traumatischen Beziehungserfahrungen mit seinen ersten Bezugspersonen durchleben – zum Beispiel die durch eine ablehnende und gefühlskalte Mutter (oder Vater) ausgelöste Leere und Einsamkeit. Anders als die ersten Bezugspersonen versucht der Analytiker sich jedoch konsequent einfühlsam und zuverlässig zu verhalten. Das soll dem Klienten ermöglichen, seine traumatischen Erfahrungen durchzuarbeiten und schließlich abzuschließen.

3. Phase. In der dritten Phase der Psychoanalyse soll der Patient allmählich wieder die Verantwortung für sein Leben übernehmen und sich nach und nach von seinem Analytiker lösen.

Manches an dem komplexen theoretischen Gebäude Freuds wirkt aus heutiger Sicht verwunderlich, ist widerlegt oder hat sich in der Praxis nicht bewährt. Mögliche Nebenwirkungen (z. B. Auslösen von Suizidalität) wurden kaum systematisch untersucht. Vieles wurde von Anhängern und Gegnern Freuds weiterentwickelt. Bereits zu Lebzeiten des »Vaters der Psychotherapie« grenzten sich beispielsweise seine früheren Schüler und späteren Kritiker C.G. Jung und Alfred Adler mit der »Analytischen Psychotherapie« beziehungsweise der »Individualpsychologie« von der klassischen Psychoanalyse ab. Zur Behandlung einer akuten depressiven Episode ist eine Psychoanalyse nicht geeignet.

Kürzere psychodynamische Therapien

Neben der Psychoanalyse werden noch weitere psychodynamische Therapien angeboten, die ebenfalls zu den Richtlinienverfahren gehören. Das bedeutet, die anfallenden Kosten können auch im Rahmen einer ambulanten Behandlung von den gesetzlichen Krankenkassen übernommen werden. Ihr Psychotherapeut wird dafür einen Antrag zur Kostenübernahme bei Ihrer Krankenkasse stellen.

Häufig: psychoanalytische Kurzzeittherapie

Die psychoanalytische Kurzzeittherapie wird auch »Fokaltherapie« (fokal = einen Brennpunkt beziehungsweise Krankheitsherd betreffend) genannt. Der Betroffene und sein Psychotherapeut konzentrieren sich im Rahmen der Behandlung auf einen hauptsächlich vorherrschenden Konflikt, der als Auslöser der Erkrankung angenommen wird. Das können zum Beispiel als sehr belastend empfundene Probleme in der Familie oder am Arbeitsplatz sein. Die Kurzzeittherapie ist wissenschaftlich gut untersucht und dauert mit maximal 30 Sitzungen nur wenige Monate. Sehr kurze Therapien mit unter 12 Sitzungen haben sich allerdings als wenig hilfreich entpuppt.

Die Kurzzeittherapie hat sich bewährt, wenn der oder die Depressive zusätzlich unter sogenannten Persönlichkeitsstörungen leidet, zum Beispiel sehr selbstunsicher beziehungsweise zwanghaft ist oder zu abhängigen Beziehungen neigt.

Die psychoanalytische Kurzzeittherapie zählt in unserem Versorgungssystem zu den verbreitetsten Formen der Psychotherapie.

Tiefenpsychologisch fundierte Psychotherapie

Bei der tiefenpsychologisch fundierten Psychotherapie handelt es sich um einen Sammelbegriff für verschiedene Therapieverfahren, die allesamt eine Weiterentwicklung der klassischen Psychoanalyse darstellen. In Abgrenzung zur Psychoanalyse finden die Sitzungen nicht im Liegen, sondern tatsächlich im Sitzen statt, wodurch eine normale Gesprächssituation zwischen dem Therapeuten und seinem Patienten entsteht. Im Zentrum der Behandlung stehen zudem überwiegend aktuelle psychische Konflikte. Im Durchschnitt dauern die tiefenpsychologisch fundierten Psychotherapien 60 Sitzungen. Bei ein bis zwei Sitzungen pro Woche ergibt sich daraus ein durchschnittlicher Behandlungszeitraum von rund 14 Monaten.

Spezielle Psychotherapieverfahren

Es gibt Psychotherapieverfahren, die speziell zur Behandlung von Depressionen entwickelt und hier auch auf ihre Wirksamkeit hin überprüft wurden. Allerdings gehören sie nicht zu den Richtlinienverfahren, werden also im ambulanten Rahmen nicht von den gesetzlichen Krankenkassen bezahlt. Im Rahmen einer stationären Behandlung sind diese Verfahren in der Fallpauschale enthalten und es entstehen Ihnen keine zusätzlichen Kosten. Sind sie privat versichert oder verfügen über eine entsprechende private Zusatzversicherung, so klären Sie die Kostenübernahme bitte vor Behandlungsbeginn mit Ihrer Krankenkasse ab.

Gegen chronische Depression

Das »Cognitive Behavioral Analysis System for Psychotherapy« (CBASP) wur-

Eine wertschätzende und positive Grundhaltung Ihres Therapeuten stellt die Basis der Gesprächstherapie dar – sie aktiviert Ihre Ressourcen und stabilisiert Ihren Selbstwert. Dadurch können Sie sich selbst vertieft wahrnehmen und erfahren.

de speziell zur Behandlung chronischer Depressionen entwickelt. Das Verfahren konnte seine Wirksamkeit in einer großen Studie zeigen. Es lässt sich keiner einzelnen psychotherapeutischen Richtung zuordnen, da es sowohl kognitive als auch behaviorale, interpersonelle und psychodynamische Anteile enthält.

Im Unterschied zu den kognitiven Therapieansätzen ist es sehr stark strukturiert und daher unter Umständen auch für schwer depressive Patienten geeignet. Mithilfe der CBASP sollen die Patienten lernen, ihre Probleme im zwischenmenschlichen Bereich zu erkennen und zu überwinden. Zu den wichtigsten Techniken zählt hierbei die Situationsanalyse. Mit ihrer Hilfe lernt der Betroffene im Laufe der Therapie Zusammenhänge zwischen seinem eigenen Denken und Verhalten sowie den daraus erwachsenen Konsequenzen zu erkennen und in erwünschter Weise zu verändern. Interpersonelle Techniken sollen ihn zudem dabei unterstützen, ungünstige (»dysfunktionale«) Beziehungsmuster aufzudecken, die er in der Vergangenheit mit wichtigen Bezugspersonen gesammelt hat. Die vertrauensvolle und stabile Beziehung zu dem Psychotherapeuten soll es dem Patienten ermöglichen, positive Beziehungserfahrungen zu sammeln und dieses Erleben dann auch auf andere Beziehungen in seinem Umfeld zu übertragen. Hierdurch sollen neue emotionale Erfahrungen ermöglicht werden. Die Therapie erstreckt sich über 16 bis 20 Sitzungen in der ersten Behandlungsphase, der sich eine zweite Phase mit 18 bis 20 Sitzungen anschließt.

Interpersonelle Psychotherapie

Bei der interpersonellen Psychotherapie (IPT) handelt es sich um eine speziell zur Depressionsbehandlung entwickelte Kurzzeittherapie, die ihre Wirksamkeit gut belegen konnte. Die IPT verbindet therapeutische Konzepte aus der Verhaltenstherapie und der psychodynamischen Therapie. Der Therapieansatz geht davon aus, dass eine Depression durch ganz unterschiedliche Ursachen ausgelöst werden kann, aber immer in einem bestimmten psychosozialen beziehungsweise interpersonellen Kontext stattfindet und sich dort weiter verfestigt. Insofern konzentriert sich der Ansatz, der sehr konkret auf die Bewältigung der gegenwärtigen Lebenssituation ausgerichtet ist, auf die vom Patienten eingebrachten Schwierigkeiten im Umgang mit anderen Menschen.

Mit Unterstützung des Psychotherapeuten betrachtet der Patient sein Rollenverhalten genauer und versucht, die dadurch entstehenden zwischenmenschlichen Konflikte zu verstehen und zu bearbeiten. Der Psychotherapeut stellt dabei quasi ein Übungsobjekt für seinen Patienten dar, um neue Verhaltensweisen und deren Wirkung in einem geschützten Rahmen ausprobieren zu können. In 12 bis 20 wöchentlichen Einzelsitzungen wird jeweils einer der folgenden vier interpersonellen Problembereiche bearbeitet: Trauer, Rollenkonflikt, interpersoneller (zwischenmenschlicher) Konflikt und soziale Schwierigkeiten. Der therapeutische Prozess umfasst dabei insgesamt drei Phasen mit verschiedenen Schwerpunkten:

- **In der ersten Phase** (1.–3. Sitzung) stehen eine umfassende Aufklärung über die Depression und eine Analyse der Beziehungsmuster und Problembereiche im Mittelpunkt.
- **Die zweite Phase** (4.–13. Sitzung) konzentriert sich auf die Vermittlung geeigneter Strategien und Fähigkeiten zur besseren Bewältigung der vorab identifizierten Problembereiche.
- **In der dritten Phase** (14.–16. Sitzung) wird dann vor allen Dingen die Zeit nach dem Therapieende besprochen und vorbereitet – beispielsweise der Umgang mit schwierigen Situationen im Alltag.

Zurzeit wird die Interpersonelle Therapie in Deutschland vor allem im Rahmen stationärer Behandlungen angeboten. Im ambulanten Bereich konnte sich das Verfahren bislang nicht entsprechend durchsetzen und wird nur von wenigen Behandlern angeboten.

Das Beziehungssystem in den Blick nehmen

Bei der systemischen Therapie – auch »systemische Familientherapie« genannt – handelt es sich um einen psychotherapeutischen Ansatz, der die Interaktions- und Beziehungsmuster in bestimmten bestehenden Systemen (wie beispielsweise in der Familie oder am Arbeitsplatz) ins Zentrum rückt. Ein störungsspezifisches Konzept und die Diagnostik psychischer Erkrankungen, wie es im deutschen Gesundheitssystem selbstverständlich ist, lehnen systemische Psychotherapeuten jedoch als nicht zielführend ab.

Vielmehr sehen sie den Betroffenen als den Symptomträger für ein aus dem Gleichgewicht geratenes Gesamtsystem. Die Erkrankung – wie beispielsweise die Depression – stellt demnach die zum Zeitpunkt des Therapiebeginns bestmögliche Lösung für das Gesamtsystem in einer Konfliktsituation dar. Die systemische Therapie soll dem Klienten dabei helfen, seine zur Verfügung stehenden Lösungsmöglichkeiten für das relevante System zu erweitern. Entscheidend ist in diesem Zusammenhang eine möglichst präzise Auftragsklärung zwischen dem systemischen Therapeuten und seinem Klienten.

> **WISSEN**
>
> **IPT wirkt gut bei älteren Patienten**
>
> Die IPT hat sich vor allem für ältere Patienten mit wiederkehrenden (rezidivierenden) Depressionen als eine geeignete Methode zur Rückfallverhütung herausgestellt. Möglicherweise profitieren gerade ältere Menschen, die sich nach dem Ausscheiden aus dem Berufsleben oder dem Auszug der Kinder auf neue soziale Rollen einstellen müssen, von der IPT.

Angestrebt werden wenige Termine pro Therapie mit möglichst großen zeitlichen Abständen zwischen den einzelnen Sitzungen. In der Zwischenzeit soll der Klient seine neuen Erkenntnisse aus den Sitzungen im Alltag ausprobieren können.

Der wissenschaftliche Beirat für Psychotherapie hat die systemische Therapie bereits vor einigen Jahren als wissenschaftlich anerkannt eingestuft. Zudem hat er gerade auch im Hinblick auf ihre Wirksamkeit bei affektiven Störungen – wie eben auch der Depression – empfohlen, die systemische Therapie für die Ausbildung und Anwendung nach dem Psychotherapeutengesetz anzuerkennen. Bislang sind die Kosten für eine systemische Therapie im ambulanten Rahmen jedoch für gesetzlich versicherte Patienten nicht erstattungsfähig. Viele private Kassen übernehmen aber auch die Kosten einer ambulanten systemischen Therapie.

Falls Sie sich für dieses Verfahren interessieren, sollten Sie die Kostenübernahme vor Behandlungsbeginn mit Ihrer Krankenkasse klären. Hierbei kann Sie auch Ihr Psychotherapeut unterstützen. Das Gleiche gilt für die Gesprächspsychotherapie.

Gesprächspsychotherapie

Die Vertreter der Gesprächspsychotherapie (GPT) nach Carl Rogers gehen davon aus, dass ihre Klienten unter bestimmten Voraussetzungen die Fähigkeit zur Selbstheilung, Problemlösung und zum persönlichen Wachstum besitzen. Grundlage für die gewünschte Veränderung ist die richtige Haltung des Psychotherapeuten. Dieser muss verstehen, was während der Therapie in seinem Klienten vorgeht (»Empathie«) und ihm dieses dann in aufrichtiger Weise (»Kongruenz«) und Zugewandtheit (»bedingungslose Wertschätzung«) mitteilen. Durch dieses Vorgehen kann der Klient eine konstruktive Persönlichkeitsveränderung erleben, wobei die Veränderung von ihm selbst ausgehen und somit vor Therapiebeginn auch nicht inhaltlich in irgendeiner Form festgelegt werden soll.

Im Falle einer Depression gehen Gesprächspsychotherapeuten von einer störungsbedingten Diskrepanz zwischen dem Selbstbild (»wie ich bin«) und dem Selbstideal (»wie ich sein sollte«) aus. Daraus resultiert eine Kluft (»spezifische Inkongruenz«) zwischen dem Selbstkonzept (bestehend aus Selbstbild und Selbstideal) und den im Alltag gesammelten Erfahrungen (»organismische Erfahrung«). Die Folge ist dann, nach Auffassung der Gesprächspsychotherapeuten, dass eigene Ansprüche – vor allem Bedürfnisse nach Selbstbehauptung und Selbstabgrenzung – nicht oder nur verzerrt wahrgenommen und akzeptiert werden.

Die von den Gesprächspsychotherapeuten geforderte wertschätzende und positive Grundhaltung und ihre bedingungslose Zuwendung sollen bei dem Klienten zu einer Aktivierung seiner Ressourcen und eine Stabilisierung seines Selbstwertes führen. Auf dieser Grundlage soll eine vertiefte Selbstwahrnehmung und Selbsterfahrung ermöglicht werden, die dann unter anderem die Anerkennung eigener Gefühle und Bedürfnisse bewirken und unangemessene Beziehungserwartungen korrigieren soll.

Psychotherapie schützt vor Rückfällen

Insbesondere die kognitive Verhaltenstherapie und die interpersonelle Psychotherapie (IPT) können dabei helfen, Rückfälle in die Depression zu verhindern. Eine groß angelegte Studie ergab beispielsweise, dass Depressive, die mit einer kognitiven Verhaltenstherapie behandelt wurden, über 3 Jahre hinweg weniger unter Rückfällen zu leiden hatten als eine nicht behandelte Kontrollgruppe.

Auf der Suche nach neuen psychotherapeutischen Behandlungsmöglichkeiten zur Rückfallverhütung von Depressionen wurden in den zurückliegenden Jahren verstärkt die bewährten kognitiven Behandlungsmethoden mit darüber hinausgehenden Ansätzen verknüpft. Die neuen Behandlungsansätze konzentrieren sich auf die möglichen psychologischen Auslöser einer Depression.

Mit Achtsamkeit Rückfälle verhindern?

Mit dem Ziel der Rückfallverhütung wurden verschiedene, überwiegend störungsübergreifende achtsamkeitsbasierte Therapieprogramme entwickelt. Dabei werden achtsamkeitsbasierte Behandlungsansätze, bei denen die Entwicklung und Schulung der Achtsamkeit im Behandlungszentrum stehen (z. B. die unten dargestellte Mindfulness-Based Cognitive Therapy) von den »achtsamkeitsinformierten Ansätzen« unterschieden. Hier stellt die Achtsamkeit nur einen Therapiebaustein von mehreren dar. Was Achtsamkeit konkret bedeutet, wird auf der folgenden Seite dargestellt.

Mindfulness-Based Cognitive Therapy

Die achtsamkeitsbasierte kognitive Therapie (Mindfulness-Based Cognitive Therapy, MBCT) wurde von Segal und seinen Kollegen gezielt zur Rückfallverhütung von Depressionen entwickelt. In der Regel wird sie als Gruppentherapie mit maximal 12 Teilnehmern durchgeführt, die in der Vergangenheit mindestens eine depressive Episode durchlebt haben, aber zu Behandlungsbeginn nicht akut depressiv sind. In insgesamt 8 wöchentlich stattfindenden Sitzungen sollen die Teilnehmer unter anderem lernen, sich besser von ihren negativen Gedanken und Gefühlen zu distanzieren. Ziel ist es, diese lediglich als mentale Ereignisse wahrzunehmen, ohne dass eine Bewertung – beispielsweise als »gut« oder »schlecht« – erfolgt.

Studien zeigen, dass MBCT vor allem dann zur Rückfallverhütung geeignet zu sein scheint, wenn der Betroffene in der Vergangenheit bereits drei oder mehr depressive Episoden durchlebt hat. Woran das genau liegt, konnte bislang noch nicht abschließend geklärt werden. Bei Patienten mit weniger oder keinen Rückfällen kann die achtsamkeitsbasierte kognitive Therapie möglicherweise dabei helfen, den Zeitraum bis zum ersten Rückfall zu verlängern. Viele Betroffene gaben in Befragungen auch eine insgesamt verbesserte Lebensqualität an. Diese Ergebnisse konnten jedoch nicht in allen Studien gleichermaßen gefunden und bestätigt werden. Insofern sind hier noch weitere Nachweise erforderlich.

Es ist empfehlenswert, vor Beginn der Behandlung mit der zuständigen Krankenkasse abzuklären, ob die anfallenden Behandlungskosten der MBCT ganz oder wenigstens anteilig übernommen werden können.

Achtsamkeit als Ergänzung zur kognitiven Verhaltenstherapie

Neben der MBCT wurden in den zurückliegenden Jahren im Umfeld der kognitiven Verhaltenstherapie noch weitere Ansätze zur Rückfallverhütung entwickelt. Gemeinsam ist diesen Ansätzen, dass sie die bekannten Risiko- und Schutzfaktoren beeinflussen und hierfür die individuell vorhandenen Fähigkeiten und Ressourcen der Betroffenen gezielter nutzen wollen. Allerdings reichen die vorliegenden Untersuchungsergebnisse zurzeit nicht aus, um die Wirksamkeit der einzelnen Verfahren tatsächlich hinreichend belegen zu können:

- Die Continuation-Phase Cognitive Therapy (C-CT) von Jarrett wurde als Erhaltungstherapie nach einer erfolgreich abgeschlossenen kognitiven Verhaltenstherapie während der akuten Phase entwickelt.
- Die Acceptance and Commitment Therapy (ACT) von Hayes basiert auf einer Verhaltensanalyse und will das Vermeiden von unangenehmen inneren Empfindungen und Gedanken abbauen. Ähnlich wie bei der MBCT ist ein zentraler Teil davon, vorhandene negative Gedanken und Gefühle zu akzeptieren und nicht zu bekämpfen.
- Bei der Well-Being-Therapy (WBT) nach Fava handelt es sich um einen ressourcenorientierten Ansatz zur Stärkung des persönlichen Wohlbefindens und zum Ausbau der individuellen Ressourcen.

wichtig

Die achtsamkeitsbasierten Verfahren sind als eine Ergänzung der bewährten kognitiven Verhaltenstherapie zu verstehen. Sie sollen (und können) diese keinesfalls ersetzen.

Was ist Achtsamkeit?

Bei der Achtsamkeit geht es zunächst darum, die Aufmerksamkeit auf den gegenwärtigen Moment zu richten. Häufig sind wir gedanklich in der Vergangenheit oder in der Zukunft. Bei einer Achtsamkeitsmeditation beschäftigt man sich ganz bewusst nur mit dem, was gerade im Augenblick gegenwärtig ist.

Es wird geübt, das Hier und Jetzt besser wahrzunehmen und auch, die Aufmerksamkeit zu bündeln und beispielsweise nur auf das zu richten, was man gerade hört oder fühlt. Ein Ziel dieser Übungen ist es, die Aufmerksamkeit dann nach einer Weile des Übens bewusst auf andere Bereiche lenken zu können. Zum Beispiel die Aufmerksamkeit auf das Körpererleben zu richten, wenn man sich in einem Grübelkreislauf verliert, und damit der Gedankenspirale entgegenzuwirken. Unsere Gedanken und alltäglichen Handlungen laufen zu einem Teil automatisiert ab, was teilweise auch hilfreich ist (zum Beispiel beim Autofahren). Auf der anderen Seite können uns diese automatischen Gedanken aber auch behindern oder dazu führen, dass wir uns in bestimmten Situationen schlecht fühlen.

Mitgefühl

Ein weiterer wichtiger Aspekt der Achtsamkeit beschäftigt sich mit der

WISSEN

Mindfulness-Based-Stress Reduction (MBSR)

Bei dem von dem amerikanischen Medizinprofessor Jon Kabat-Zinn ursprünglich zur Behandlung von chronischen Schmerzen entwickelten Mindfulness-Based-Stress-Reduction-Programm (MBSR-Programm) werden verschiedene Achtsamkeitsübungen, wie der Bodyscan, erlernt und praktiziert. In 8 wöchentlich stattfindenden Sitzungen werden die Gruppenteilnehmer in die Theorie und Praxis der Achtsamkeit eingefügt. Dabei werden verschiedene Sitzmeditationen, einfache Yoga-Übungen und die schon genannte Übung zur Körperwahrnehmung eingeübt. In der Theorie geht es u. a. um Ergebnisse aus der Stress- und Schmerzforschung und um Möglichkeiten der Emotionsregulation. Das nicht störungsspezifische MBSR-Programm ist im klinischen Alltag inzwischen weit verbreitet.

Haltung, die man sich selbst und anderen gegenüber einnimmt. Bei der Achtsamkeitspraxis geht es darum, eine wohlwollende Haltung sich selbst und anderen gegenüber einzunehmen. Letztlich geht es darum, sich selbst gegenüber Mitgefühl zu entwickeln sowie anzuerkennen, dass man sich in einer objektiv schwierigen Situation befindet und damit, so gut es eben geht, umzugehen versucht. Gelingt es dann tatsächlich, sich selbst besser zu akzeptieren, nimmt auch der Wunsch nach Anerkennung von außen allmählich ab.

Der Bodyscan

Achtsamkeit kann eine unterstützende Maßnahme im therapeutischen Prozess sein. Im Therapieverlauf können beispielsweise bewährte Elemente der kognitiven Verhaltenstherapie mit Übungen aus dem MBSR-Programm (siehe Kasten) kombiniert werden. Eine zentrale Übung ist hierbei der Bodyscan, bei dem man langsam und systematisch mit der Aufmerksamkeit durch die verschiedenen Körperregionen wandert – von den Zehen bis zum Kopf. Die Übung wird im Liegen durchgeführt. Entscheidend ist hier eine nicht wertende Wahrnehmung; werden Verspannungen und Missempfindungen in bestimmten Körperregionen wahrgenommen, unternimmt« man nichts dagegen, indem man etwa seine Liegeposition verändert. Stattdessen sollen diese Empfindungen aus einer Beobachterposition wahrgenommen und nicht als gut oder schlecht bewertet werden: »Aha, die Schulter fühlt sich verspannt an«, »das Knie schmerzt« oder »der Rücken fühlt sich warm an«. Gelingt das, so kann mithilfe der Achtsamkeitsübungen die Erfahrung gemacht werden, dass Gefühle, Gedanken und Körperempfindungen kommen und auch von allein wieder gehen, wenn man sie nicht »festhält«.

Während in der Verhaltenstherapie bestimmte Zustände – wie Gedanken oder Gefühle – aktiv verändert werden (sollen), geht es bei den achtsamkeitsbasierten Ansätzen in erster Linie um das Annehmen und Akzeptieren der gegenwärtigen Situation. Interessanter Weise erweist sich die Annahme des gegenwärtigen Zustands oft als erster Schritt zur Veränderung.

Für viele Menschen (depressive und auch nicht depressive) ist Achtsamkeit aber auch eine Lebensschulung und -hilfe, die ganz unabhängig von eventuellen Therapien sinnvoll ist. Wichtig zu betonen ist, dass Achtsamkeitspraxis in keinem Falle einen Therapieersatz darstellt. Wenn Sie an einer Depression leiden, sollten Sie sich unbedingt von einem Arzt und/oder psychologischen Psychotherapeuten behandeln lassen. Die Achtsamkeitsschulung stellt keinen Behandlungsersatz dar.

Weitere Behandlungsansätze

Neben den bisher beschriebenen beiden wichtigsten Behandlungsverfahren – der medikamentösen Therapie und der Psychotherapie – gibt es weitere Verfahren mit belegter Wirksamkeit. Dazu gehört beispielsweise die Schlafentzugstherapie, die häufig zu einer abrupten Besserung führt.

Therapeutischer Schlafentzug

Die meisten Betroffenen leiden unter einer gestörten Nachtruhe. Ein- und Durchschlafstörungen sowie frühmorgendliches Erwachen sind eher die Regel als die Ausnahme. Entsprechend schwer fällt es ihnen zu glauben, dass ihnen ein Schlafentzug tatsächlich helfen könnte. Bei der paradox anmutenden Schlafentzugstherapie handelt es sich aber um eine sehr effektive antidepressive Behandlung. Wenn die Erkrankten die zweite Nachthälfte konsequent wachbleiben, kommt es bei etwa 60 Prozent im Laufe der Nacht zu einer abrupten Besserung und oft völligem Abklingen der Depression. Leider hält der Effekt meist nicht an, und nach dem nächsten Schlaf in der darauffolgenden Nacht kommt die Depression in aller Regel zurück, auch wenn oft eine leichte Besserung bestehen bleibt. Zudem merkt der Betroffene, dass die vielleicht seit Monaten bestehende Depression durchbrochen werden kann, und schöpft wieder Hoffnung. Der Schlafentzug wird vorrangig stationär durchgeführt und als Begleittherapie zu einer medikamentösen und psychotherapeutischen Behandlung eingesetzt.

Der Schlafentzug eignet sich als Unterstützung einer medikamentösen Behandlung mit Antidepressiva, z. B. wenn diese nur einen Teilerfolg gezeigt haben. Außerdem sprechen Depressive, die ein besonders ausgeprägtes Morgentief verspüren oder unter extremen Schlafproblemen leiden, besonders gut auf das Verfahren an. Während der stationären Behandlung

> **WISSEN**
>
> **Schlaflos ab 1 Uhr nachts**
>
> In der klinischen Praxis hat sich der partielle Schlafentzug während der zweiten Nachthälfte bewährt. Die Patienten können bis 1 Uhr morgens schlafen und bleiben anschließend für den Rest der Nacht und den ganzen darauf folgenden Tag wach. Ein Schlafentzug während der ersten Nachthälfte ist dagegen wirkungslos.

wird die Therapie oft zwei- bis dreimal pro Woche an feststehenden Tagen durchgeführt. Idealerweise lernen die Betroffenen auf diese Weise den Umgang mit dem therapeutischen Schlafentzug und können ihn später eventuell auch zu Hause selbst durchführen. Dies sollten Sie mit Ihrem Arzt besprechen.

Was Sie dabei beachten sollten:
- Begeben Sie sich nicht in Liegepositionen und dunkle Umgebung, um ein kurzes Einnicken zu vermeiden, was den Effekt des Schlafentzuges beeinträchtigen würde.
- Schlafen Sie nach einer durchwachten Nacht erst am folgenden Abend zur gewohnten Zeit.
- Nehmen Sie Ihre Antidepressiva wie gewohnt ein.
- Um die Nachtstunden zu füllen, sind Spaziergänge, Gymnastik, Lesen, Briefe oder Tagebuch schreiben, Hausarbeit oder leichtes Essen hilfreich.

Verstärkt langes Schlafen die Depression?

Da so gut wie jede Depression mit dem Gefühl der Erschöpfung einhergeht, haben alle Betroffenen die Sehnsucht, endlich tief zu schlafen und danach erholt aufzuwachen. Leider ist das oft keine gute Idee, da langer Schlaf und lange Bettzeit die Depression bei einigen Menschen sogar verstärken können. Das Gleiche gilt für einen Mittagsschlaf oder einen nachmittäglichen »Erholungsschlaf«. Auch hier ist es selten so, dass der depressiv Erkrankte danach erholt aufwacht, sondern oft ist das Erschöpfungsgefühl noch tiefer. Menschen mit depressiven Erkrankungen reagieren auf längere Schlaf- und Bettzeiten oft mit einer Zunahme ihrer Erschöpfung und einer Verschlechterung ihrer Stimmung. Das Bedürfnis, früher ins Bett zu gehen und länger liegen zu bleiben wird so oft zu einem Teufelskreis. Sehr viele Betroffene merken, dass nach dem Aufwachen aus tiefem Schlaf die Depression sofort mit voller Wucht wieder da ist. Dagegen bessert sich die Depression oft mit der Dauer des Wachseins, d. h., gegen Abend nimmt die Erschöpftheit meist nicht zu, sondern eher ab, und auch die Stimmung bessert sich.

Die Schlafzeiten protokollieren

Es ist deshalb für Sie wichtig herauszufinden, inwieweit bei Ihnen ganz persönlich Schlaf- bzw. Bettzeiten und die Schwere der depressiven Beschwerden am nächsten Tag zusammenhängen. Diesen Zusammenhang sollten Sie für sich über einige Wochen erfassen, da Sie dann entsprechend reagieren können. Dokumentieren Sie täglich die Zeit, in der Sie im Bett gelegen haben (bitte nicht Ihre Schlafzeit, da auch Dösen hier eine Rolle spielen kann) und die Schwere der Depression am darauffolgenden Tag (siehe Tabelle). Werten Sie Ihr Protokoll am Ende der Woche aus. Führen Sie das Protokoll über mindestens 4 Wochen – besser noch länger – durch. Wenn Sie feststellen, dass bei Ihnen die Schwere der Depression mit geringer Schlafzeit abnimmt, sollten Sie darauf achten, nicht zu früh ins Bett zu gehen und morgens nicht zu spät aufzustehen.

Weitere Behandlungsansätze

Schlaf- und Depressionsprotokoll: Bitte füllen Sie die Tabelle aus.

	Montag	Dienstag	Mittwoch	Donnerstag	Freitag	Samstag	Sonntag
Dauer der Zeit im Bett tagsüber							
Beginn der Bettzeit abends (Licht aus, Uhrzeit)							
Aufstehzeit am Morgen (Uhrzeit)							
Gesamte Bettzeit (Nacht + vorhergehende Bettzeit tagsüber)							
Schwere der Depression in der Stunde nach dem Aufstehen (Werte von 1–10; 1 = keine Depression, 10 = schwerste Depression)							

Begrenzen Sie die gesamte Bettzeit dann möglichst auf 7–8 Stunden pro Tag.

wichtig

Leiden Sie an einer manisch-depressiven Erkrankung, sollten Sie das Vorgehen jedoch mit Ihrem Arzt besprechen, da durch zu kurzen Schlaf Manien ausgelöst werden können.

Wie wirkt Schlafentzug?

Warum kann langer Schlaf die Depression verschlechtern und kurzer verbessern? Diese Frage wird in der Forschung bereits seit längerem diskutiert. Eine Forschungsgruppe an der Universität Leipzig hat ein Modell entwickelt, das eine Erklärung dafür liefert und für den Umgang mit der Depression bedeutsam ist. Der Grundgedanke ist hier, dass die Regulation der Wachheit eine große Rolle bei Depressionen, aber auch bei Manien spielt und unser Verhalten massiv beeinflussen kann. Ein Beispiel aus dem Alltag wäre die Reaktion von Kindern, die zu spät ins Bett kommen und übermüdet sind: Obwohl sie eine erhöhte Einschlafneigung haben, »drehen sie auf«, sind übermäßig aktiv, impulsiv und gereizt. Hierdurch verschafft sich der Organismus eine sehr reizintensive Umwelt. Es ist »viel los«, und dadurch wird die Wachheit stabilisiert und das Einschlafen verhindert. Exakt das Gegenteil passiert, wenn wir innerlich sehr angespannt, wie in einem dauerhaften Alarmzustand sind. In diesem Fall vermeiden wir bewusst oder auch unbewusst alle zusätzlichen Reize von außen – wie laute Musik, neue Eindrücke oder soziale Interaktionen. Unser Organismus versucht durch Rückzug eine reizärmere Umwelt zu schaffen und damit das Abklingen der Daueranspannung zu erleichtern. Nach großem anhaltenden Stress suchen wir erst mal Ruhe und Entspannung.

Die Depression ist nun genau so ein Zustand mit dauerhaft hoher Anspannung. Depressiv Erkrankte beschreiben ihren Zustand wie einen permanenten inneren Daueralarm. Dieser geht mit Erschöpfung, nicht jedoch mit Schläfrigkeit im Sinne einer erhöhten Einschlafneigung einher. Im Gegenteil, sowohl das Einschlafen als auch das Durchschlafen sind erschwert. Der Organismus reagiert auf diesen inneren Daueralarm und Stresszustand mit Rückzugsverhalten und dem Vermeiden sämtlicher Aktivitäten, die zusätzliche Aufregung bringt. Durch Schlafentzug werden nun Prozesse im Gehirn gestärkt, die zu Schläfrigkeit führen und der hohen inneren Anspannung und dem inneren Daueralarm entgegenwirken. Damit bessern sich auch die depressiven Krankheitszeichen.

Elektrokrampftherapie

Der Vorschlag einer Elektrokrampftherapie (EKT) kann bei Betroffenen und ihren Angehörigen große Ängste und Vorbehalte auslösen. Schon allein »Elektro« und »Krampf« klingen erst einmal bedrohlich. Tatsächlich handelt es sich aber um eine sehr wirksame, vollkommen schmerzlose Methode, die oft die Rettung bei schweren Depressionen darstellt und von vielen Betroffenen als geradezu segensreich empfunden wird.

Die Behandlung erfolgt während einer kurzen (ca. 5-minütigen) Vollnarkose. Durch eine elektrische Reizung des Gehirns über wenige Sekunden wird ein Krampfanfall (»epileptischer Anfall«) ausgelöst, wobei durch die vorherige Gabe von muskelentspannenden Mitteln dafür gesorgt wird, dass die Muskulatur sich nicht oder kaum zusammenkrampft. Der kontrollierte »Anfall« findet also nur im Gehirn statt, wo es durch die elektrische Reizung zu einer massiven Entladung der Nervenzellen kommt. Die Wirkung kann man sich ungefähr so vorstellen wie ein Reset beim Computer, wobei die genauen Wirkmechanismen nicht bekannt sind. Der Betroffene selbst bekommt davon nichts mit.

Die Behandlung erfolgt in Deutschland meist stationär und in enger Zusammen-

Weitere Behandlungsansätze

arbeit zwischen einem Anästhesisten und einem Psychiater. Der Patient erhält, verteilt über 3–5 Wochen, 9–12 Anwendungen. Angeboten wird dieses Verfahren vor allem von Universitätskliniken. Manche Fachkliniken bieten dieses Behandlungsverfahren nicht an und überweisen gegebenenfalls Patienten zur EKT an die Unikliniken. Der Grund, weshalb die EKT in manchen Fachkliniken nicht durchgeführt wird, ist eher die Sorge um den schlechten Ruf dieses Verfahrens als medizinische Überlegungen.

Für wen ist die EKT geeignet?

Die Elektrokrampftherapie ist eines der wirksamsten Behandlungsverfahren und kommt bei Patienten mit hartnäckigen, schweren Depressionen, die auf verschiedene medikamentöse Behandlungsversuche und Psychotherapie nicht angesprochen haben, zum Einsatz. Vor allem bei Patienten mit wahnhaften Depressionen ist die Wirksamkeit der EKT allen anderen Behandlungsverfahren überlegen. Auch wenn aufgrund des Alters oder bestehender körperlicher Begleiterkrankungen massive Nebenwirkungen im Rahmen einer medikamentösen Behandlung mit Antidepressiva oder durch den depressionsbedingten Stress zu befürchten sind, kann eine EKT sinnvoll sein. Die Wirkung stellt sich oft bereits nach 2–4 Anwendungen ein. Viele der seit Monaten oft auch Jahren Erkrankten erleben das Abklingen der Depression unter EKT wie das Erwachen aus einem bösen Albtraum.

Vielen, denen die Schwere und der lebensbedrohliche Charakter einer depressiven Erkrankung nicht bewusst sind, erscheint eine EKT bei depressiven Erkrankungen als ein zu drastisches Verfahren. Die EKT wird aber in erster Linie bei Patienten mit schweren, therapieresistenten Depressionen und Suizidgefährdung durchgeführt. Viele dieser schwer erkrankten Menschen essen und trinken nicht mehr ausreichend, verlieren schnell an Gewicht, haben nicht mehr die Kraft aufzustehen und sind nicht mehr in der Lage, sich selbst zu versorgen. Vor diesem Hintergrund erscheint die EKT als ein äußerst hilfreiches Therapieverfahren.

Deshalb ist spätestens nach Beendigung der EKT eine antidepressive Medikation, eventuell in Verbindung mit einer Psychotherapie, unerlässlich.

wichtig

Wie andere Therapieverfahren ist auch die EKT nicht in der Lage, die Depression zu »heilen«. Die Betroffenen tragen nach wie vor ein hohes Risiko, in die depressive Episode zurückzufallen oder neue depressive Episoden zu erleiden.

Risiken und mögliche Nebenwirkungen

Die Tatsache, dass der Patient mehrfach – wenn auch nur sehr kurz – in Vollnarkose versetzt wird, stellt natürlich ähnlich wie bei einer Operation ein Narkoserisiko dar. Einige Krankheiten wie beispielsweise bestimmte Herzerkrankungen schließen eine EKT aus.

Nach der Behandlung können vorübergehend Kopfschmerzen auftreten. Es kann auch zu kurzfristiger Orientierungslosigkeit und vorübergehenden Gedächtnisstörungen kommen. Meist sind Gedächtnis und Merkfähigkeit nur während der Behandlungsserie beeinträchtigt und normalisieren sich danach rasch wieder.

Eine EKT wird grundsätzlich nur nach einer ausführlichen Aufklärung über den Ablauf und die möglichen Nebenwirkungen des Verfahrens sowie einer schriftlichen Einverständniserklärung des Patienten durchgeführt. Dabei muss sichergestellt sein, dass der betroffene Patient die Sachlage sowie die Bedeutung und Tragweite der geplanten Behandlung hinreichend beurteilen und einschätzen kann (»Einwilligungsfähigkeit«).

Trotz der Risiken handelt es sich bei der EKT um ein sicheres Behandlungsverfahren. Die Elektrokrampftherapie sollte vor allem bei schweren, therapieresistenten depressiven Episoden als Alternative in Betracht gezogen werden.

Transkranielle Magnetstimulation

Bei der transkraniellen Magnetstimulation (TMS) werden durch ein veränderliches (sich schnell auf- und wieder abbauendes) Magnetfeld Nervenzellen in bestimmten Hirnbereichen angeregt. Dazu wird meist im Stirnbereich des Patienten eine ringförmige, etwa zehn Zentimeter große Magnetspule angelegt. Die von der Spule ausgehenden Impulse sollen die Nervenzellen der dahinterliegenden Hirnregion stimulieren. Die Behandlung erfolgt ohne Narkose, der Patient verspürt lediglich ein leichtes Kribbeln. Transkraniell bedeutet dabei so viel wie »durch den Schädel hindurch«.

WISSEN

Gefährliche Strahlung

Die Lichttherapie darf keinesfalls als Selbsttherapie durch ungeschützten Blick in die Sonne oder im Solarium angewendet werden, da die UV-Strahlen die Augen schädigen. Extraleuchten für zu Hause gibt es im Sanitätsfachhandel. Viele Arztpraxen stellen sie ihren Patienten zudem leihweise zur Verfügung. Eine möglicherweise bessere Alternative zum Anschaffen eines Lichttherapiegerätes ist ein regelmäßiger Spaziergang bei Tageslicht, wodurch Sie neben dem Licht auch in den Genuss von frischer Luft und körperlicher Bewegung kommen.

Die Behandlung wird während 2–3 Wochen durchgeführt. Die Nebenwirkungen und langfristigen Veränderungen in der Hirnfunktion sind jedoch immer noch weitgehend unerforscht. In Einzelfällen traten nach der Behandlung epileptische Anfälle auf. Obwohl in manchen Studien antidepressive Effekte gefunden wurden, ist die Wirksamkeit dieses Verfahrens noch nicht unumstritten. Die anfängliche Hoffnung, mit der TMS eine weniger belastende Alternative zur Elektrokrampfbehandlung an der Hand zu haben, hat sich nicht bestätigt.

Lichttherapie

Die Wirksamkeit der Lichttherapie ist vor allem für die saisonal abhängige Depression (umgangssprachlich »Winterdepression«) belegt, eine eher seltene Unterform der unipolaren Depression. Nur ein kleiner Teil der im Winter auftretenden Depressionen entspricht diesem Subtyp.

Bei der Lichttherapie setzt sich der Betroffene täglich für 30 bis 40 Minuten einer starken Lichtquelle mit 2500 bis 10000 Lux (Maßeinheit für Helligkeit) aus. Zum Vergleich: 2500 Lux bringt uns ein Blick aus dem Fenster an einem Wintertag bei bedecktem Himmel, normal beleuchtete Räume bieten dagegen nur 300 bis 800 Lux. Während der Behandlung schaut der Patient in einem Abstand von 90 cm in die Lichtquelle. Durch das Licht werden über die Netzhaut und den Sehnerv möglicherweise die Botenstoffe Serotonin und Melatonin beeinflusst.

Für die Lichttherapie sollte eine Lichtquelle bevorzugt werden, die weißes, fluoreszierendes Licht abgibt, bei dem der UV-Anteil herausgefiltert wird.

Nach einer Woche sprechen rund 60 Prozent der an einer saisonal abhängigen Depression Erkrankten auf diese Therapie an. Bei schweren Winterdepressionen ist die Lichttherapie nur als Zusatztherapieverfahren in Kombination mit Medikamenten oder Psychotherapie geeignet. Bei Depressionen, die nicht der Unterform der Winterdepression entsprechen, ist die Wirksamkeit der Lichttherapie weniger gut belegt.

Schulmedizin oder alternative Heilmethoden?

Viele Depressive wenden sich in ihrer Verzweiflung alternativen Heilmethoden zu. Die Gründe dafür sind vielfältig. Einige sind von der »Schulmedizin« enttäuscht, die sie als kalt und unpersönlich erleben. Sie erhoffen sich von alternativen Heilme-

THERAPIE: WEGE AUS DER DEPRESSION

thoden sanftere und ganzheitlichere Therapien. Andere sehen in den alternativen Heilmethoden so etwas wie einen letzten Rettungsanker, nachdem ihnen im Rahmen der Schulmedizin nicht ausreichend schnell geholfen werden konnte. Das Angebot an möglichen alternativen Heilverfahren ist unübersehbar groß.

Alternative Heilangebote

Weit über 100 alternative Heilangebote in vielen Unterschattierungen sind gegen Depressionen auf dem Markt. Die Angebote reichen von Yoga, Urschrei-Therapie, Bio-Energetik, Reiki, Akupunktur bis zu Homöopathie, Vitaminkuren und Stein-Therapie. Und alle diese Verfahren und Schulen haben Vertreter, die von der Wirksamkeit ihres Vorgehens tief überzeugt sind. Es gibt auch immer Betroffene, die bereitwillig über »sensationelle Heilungen« berichten. Manche Menschen konnten sicherlich tatsächlich von einigen der genannten oder nicht genannten Verfahren profitieren. Trotzdem besteht bei allen diesen Verfahren das Risiko, dass sie nicht wirksam sind bzw. sogar schaden können.

Evidenzbasierte Medizin

Wie die Medizingeschichte eindrucksvoll belegt, ist auch die Schulmedizin nicht vor Selbsttäuschung gefeit. Es gibt aber in den letzten Jahrzehnten beträchtliche Anstrengungen in der Medizin, um sich vor Irrwegen und Selbsttäuschungen so weit wie möglich zu schützen (Stichwort: evidenzbasierte Medizin). So müssen beispielsweise alle neu auf dem Markt zugelassenen Antidepressiva zuerst in einer Reihe von methodisch sehr strengen Studien, zum Teil im Vergleich mit Scheinmedikamenten, belegen, dass sie antidepressiv wirksam sind. Ähnliches wird zunehmend auch von psychotherapeutischen Verfahren gefordert.

Wir möchten Ihnen dringend davon abraten, besonders bei schweren Depressionen, sich allein auf alternative Heilmethoden zu verlassen. Sie sollten dies bei Depressionen ebenso wenig tun wie bei anderen schweren Erkrankungen, wie zum Beispiel Diabetes mellitus oder einer Blinddarmentzündung.

> ## WISSEN
>
> ### Evidenzbasierte Medizin im Netz
>
> Hier finden Sie Patienteninformationen zu evidenzbasierter Medizin im Internet:
> - Deutsches Netzwerk evidenzbasierte Medizin: www.ebm-netzwerk.de/patienten
> - Ärztliches Zentrum für Qualität in der Medizin (ÄZQ): www.patienten-information.de
> - Institut für Qualität und Wirtschaftlichkeit im Gesundheitswesen (IQWiG): www.gesundheitsinformation.de

Selbsthilfe: (wieder) aktiv werden!

Man kann auch vieles selbst tun, um das eigene Leben wieder lebenswert und erfüllend zu gestalten. Der Austausch in einer Selbsthilfegruppe kann beispielsweise sehr entlastend und bereichernd sein. Auch das Internet bietet viele Optionen. Bewegung ist in jedem Fall extrem wichtig.

Ideen und Unterstützung für Betroffene

Selbsthilfe hat viele Facetten. Es gibt viele Möglichkeiten, die medikamentöse und/oder psychotherapeutische Behandlung zu unterstützen und damit die eigene Gesundung zu fördern. Machen Sie sich schlau über die Depression, tauschen Sie sich mit anderen Betroffenen aus – im direkten Kontakt oder via Internet.

Selbsthilfegruppen – Sie sind nicht allein

Depressionen werden, wie alle psychischen Krankheiten trotz zunehmender Aufklärung und Toleranz immer noch von vielen falsch eingeschätzt. In der Gruppe erfahren Sie, dass Sie mit Ihrer Krankheit und den damit verbundenen Problemen und Ängsten nicht allein sind, dass andere Ähnliches erlebt haben. Sie lernen Menschen näher kennen, die wie Sie wirklich wissen, was eine Depression bedeutet.

Oft entwickeln sich neue Freundschaften und ein unterstützendes soziales Netz. Manche Selbsthilfegruppen organisieren Krisentelefonhilfe, über die sich die Teilnehmer in Krisensituationen gegenseitig anrufen und unterstützen können.

Darüber hinaus bietet Ihnen die Selbsthilfegruppe die Chance, gemeinsam aktiv zu sein. Dieser Aspekt ist für Depressive besonders wichtig, da sie oft unter Antriebslosigkeit leiden und sich allein schlecht überwinden können.

Übungen ausprobieren

Die bei der Behandlung von Depressionen wirksame kognitive Verhaltenstherapie entlässt ihre Patienten beispielsweise mit einem Werkzeugkoffer an Übungen, die immer wieder angewendet werden sollten. Für viele dieser Übungen (z. B. die eigenen Interessen vertreten) sind Selbsthilfegruppen eine gut geeignete Plattform. Es besteht die Gelegenheit, von den Fehlern und Strategien anderer Betroffener zu lernen.

Informationen austauschen

Selbsthilfegruppen sind eine wichtige Informationsbörse und bieten Ihnen die Chance, sich besser über Ihre Erkrankung und die Behandlungsmöglichkeiten zu informieren. Gerade die »alteingesessenen« Gruppenmitglieder kennen beispielsweise meist alle Therapeuten und Kliniken in der jeweiligen Umgebung und können hier wertvolle Tipps weitergeben.

Neben den oben genannten Vorteilen können in Selbsthilfegruppen natürlich auch Probleme entstehen, beispielsweise dann, wenn die einzelnen Mitglieder sehr unterschiedliche Erwartungen an die Gruppe haben oder das Verhalten einzelner Betroffener Spannungen auslöst. In diesen Fällen kann es hilfreich sein, eine Zeit lang einen professionellen Moderator (Therapeuten) hinzuzuziehen. Auch die in größeren Städten vorhandenen Selbsthilfezentren können Hilfestellung leisten, wenn Sie eine Selbsthilfegruppe gründen oder finden wollen.

Eine neue Gruppe gründen

Sie können auch selbst eine Selbsthilfegruppe gründen. In größeren Städten können sich Gruppengründer meist an bereits vorhandene Selbsthilfegruppen wenden – eine entsprechende Liste ist bei den Kontaktstellen für Selbsthilfegruppen (Adresse: siehe Serviceteil) erhältlich. Diese helfen möglicherweise bei der Suche nach geeigneten Räumen für die Gruppentreffen (z. B. Selbsthilfezentren, öffentliche oder kirchliche Einrichtungen, Praxen von Therapeuten oder Ärzten) und vermitteln eventuell interessierte Betroffene.

Ein (selbst organisierter) Informationsabend über Depressionen kann ebenfalls ausgezeichnete Gelegenheiten bieten, Kontakte zu anderen Betroffenen und deren Angehörigen in der Region zu knüpfen. Um Ihren Informationsabend bekannt zu machen, können Sie ihn über die lokalen Medien und Veranstaltungsprogramme bewerben. Wenn Sie das zeitlich und von der Energie her bewältigen können, können Sie auch entsprechende Plakate, Handzettel oder Flyer in Hausarztpraxen Ihrer Region auslegen.

Hilfe und Unterstützung aus dem Internet

Weltweit suchen immer mehr Menschen bei Erkrankungen und gesundheitlichen Problemen Hilfe und Unterstützung im Internet. Inzwischen dient das weltweite Netz nicht nur dazu, möglichst verlässliche Gesundheitsinformationen zu erhalten. Zunehmend mehr Anwender nutzen das Angebot auch dazu, gezielt Experten zu befragen und/oder sich mit anderen Betroffenen oder Angehörigen auszutauschen. Zudem werden auch immer mehr Ärzte und Therapeuten über das Internet gesucht und Medikamente bestellt.

Die Stiftung Deutsche Depressionshilfe (www.deutsche-depressionshilfe.de) betreibt und betreut das größte deutschsprachige Diskussionsforum zum Thema Depression mit mehr als tausend Besuchern täglich. Hier können Sie sich Rat holen und von den Erfahrungen anderer Betroffener lernen.

Selbsthilfe: (Wieder) aktiv werden!

Zudem ist im Internet ein beständig wachsendes Angebot an Informationen und Dienstleistungen unterschiedlichster Anbieter – von Medizinportalen und Forschungsnetzwerken über Kliniken, niedergelassenen Behandlern, Krankenkassen und Pharmafirmen bis hin zu Selbsthilfegruppen sowie einzelnen Betroffenen und Angehörigen zu finden. Zunehmend mehr werden auch onlinegestützte oder rein onlinebasierte Therapien angeboten.

Oft ist es für den Nutzer nicht leicht, die Qualität und Seriosität der verfügbaren Internetseiten richtig einzuschätzen. Untersuchungen ergaben zudem, dass ein Großteil der Nutzer die Informationsquelle selten bis gar nicht überprüft. Da inzwischen aber jeder Interessierte kostengünstig und ohne viel Aufwand seine Informationen über das Internet verbreiten kann, sollte in jedem Fall ein kritischer Blick auf den Seitenanbieter geworfen werden. Trotz einer fortlaufenden Verbesserung der Suchalgorithmen werden auf den ersten Trefferseiten immer noch viele kommerzielle Angebote gefunden, die einseitige und unvollständige Informationen über »Depression« anbieten. Es ist somit nicht ratsam, sich ausschließlich auf die Vorauswahl von Google & Co. zu verlassen. Eine professionell aussehende Internetseite mit vielen Angeboten ist nicht zwangsweise eine Garantie für die Qualität und Aktualität der darauf veröffentlichten Inhalte.

Qualitätsmerkmale

Seriöse Anbieter von Gesundheitsinformationen im Internet erkennen Sie unter anderem an folgenden Merkmalen:
- Die Internetseite enthält ein eindeutig sichtbares Impressum, das über die veröffentlichende Institution beziehungsweise den Verfasser Auskunft gibt. Gut ist, wenn sich die jeweilige Einrichtung auf Depressionen spezialisiert hat und eine gewisse Neutralität aufweist.

Wieder aktiv werden! Raus aus dem Schneckenhaus und Dinge tun, die Ihnen Freude machen. Auch, wenn es schwerfällt. Gehen Sie regelmäßig an die frische Luft, treffen Sie sich mit Freunden oder besuchen Sie eine Selbsthilfegruppe.

Selbsthilfe: (wieder) aktiv werden!

> ## WISSEN
>
> ### Vorsicht bei vermeintlichen »Wundermitteln«
>
> Im Internet werden Sie immer wieder auf unseriöse Seiten stoßen, die wirkungslose oder sogar gesundheitsschädigende »Wundermittel« gegen Depression anbieten. Leider gibt es eine solche einfache Wunderwaffe gegen die Erkrankung nicht. Behauptungen, dass selbst schwere Formen der Depression durch Selbsthilfemaßnahmen, Hypnose, Vitamine oder Kräuterkuren heilbar seien, sind unter Umständen sogar gefährlich, da hierdurch eine zielführende professionelle Behandlung verhindert wird.

- Die Inhalte werden interessensneutral und ausgewogen dargestellt – mit ihren jeweiligen Vor- und Nachteilen bzw. bekannten Risiken.
- Die Seiten enthalten keine Werbung für Produkte oder besondere Dienstleistungen in Bezug auf die Erkrankung. Vor allem werden keine als unseriös anzusehenden Präparate (»Vitamine gegen Depression« o. Ä.) vermarktet.
- Die Inhalte sind durchgängig in einer für medizinische Laien verständlichen Sprache verfasst.
- Es besteht die Möglichkeit, mit dem Informationsanbieter Kontakt aufzunehmen (per E-Mail oder über ein Kontaktformular).
- Die Inhalte werden kontinuierlich gepflegt und überarbeitet – es befindet sich auf den Seiten ein Hinweis auf das letzte Update.
- Ein weiteres wichtiges Qualitätsmerkmal ist es zudem, wenn das Internetangebot mit einem anerkannten Qualitätssiegel zertifiziert wurde: beispielsweise mit dem HONcode der schweizerischen Health On the Net-Foundation oder auch dem Gütesiegel des Aktionsforum Gesundheitsinformationssystem (afgis) e.V.

Was bieten Onlineforen?

Gerade Betroffene und Angehörige von chronischen Erkrankungen wie der Depression nutzen das Internet zunehmend mehr auch dazu, um sich mit Gleichgesinnten über ihre Erkrankung auszutauschen. Inzwischen gilt als wissenschaftlich gut belegt, dass onlinebasierte Gesprächs- und Informationsforen unter bestimmten Voraussetzungen bei der Krankheitsbewältigung helfen und den Betroffenen möglicherweise auch aus einer sozialen Isolation befreien können. Die Nutzer selbst erwarten von solchen Foren vor allem weiterführende Informationen zu den verschiedensten Aspekten ihrer Erkrankung sowie Zuspruch und emotionale Unterstützung bei der Krankheitsbewältigung.

Wichtig für den Erfolg und den tatsächlichen Nutzen solcher Onlineforen scheint neben der Größe und Vielfältigkeit der verfügbaren Gruppe (»Community«) auch der äußere Rahmen des Angebotes zu sein. So sollte das Forum idealerweise durch geeignete Moderatoren begleitet werden, die sowohl auf die sachliche Richtigkeit der verbreiteten Informationen als auch auf einen positiven und respektvollen Umgang der Nutzer untereinander und eine Einhaltung der Nutzungsbedingungen achten. Kriseninterventionen können in so einem Rahmen in der Regel nicht geleistet werden. Trotzdem sollten die Moderatoren in sehr akuten Situationen – etwa bei konkreten Suizidandrohungen – eingreifen und für geeignete Hilfe sorgen können.

Bisweilen wird die Befürchtung geäußert, dass die Aktivität in den Foren von den Betroffenen als eine Art Ersatztherapie betrachtet und dadurch eine professionelle Behandlung verhindert wird. Untersuchungen der Stiftung Deutsche Depressionshilfe scheinen die genannten Befürchtungen aber nicht zu bestätigen. So fühlten sich befragte Teilnehmer durch ihre Aktivität in den Onlineforen sogar eher darin ermutigt, professionelle Hilfe in Anspruch zu nehmen. Darüber hinaus gaben sie an, dass ihr Vertrauen in die ärztliche Behandlung durch die vorhandenen Informationen eher gestiegen sei und sie sich insgesamt kompetenter im Umgang mit der eigenen Erkrankung

und somit weniger hilflos und ausgeliefert fühlen.

Vorteile von Onlineforen

Häufig entstehen aus online geknüpften Kontakte reale Treffen und Telefonaten. Vorteilhaft ist auch, dass Onlineforen meist bequemer und besser verfügbar sind als reale Gruppentreffen. So werden die elektronischen Angebote beispielsweise verstärkt abends, nachts oder an den Wochenenden genutzt, wenn sonstige Hilfsangebote nicht oder nur bedingt genutzt werden können. Weitere Vorteile sind:
- Austausch und Unterstützung für Betroffene, die in abgelegenen Gegenden wohnen oder aufgrund ihrer Erkrankung nicht so mobil sind.

> **WISSEN**
>
> **Empfehlenswertes Onlineforum**
>
> Die Stiftung Deutsche Depressionshilfe bietet unter http://www.deutsche-depressionshilfe.de/forum-depression seit vielen Jahren ein von Experten moderiertes Selbsthilfeforum an. In insgesamt zehn thematischen Unterforen verfassen Betroffene und Angehörige täglich etwa 150 neue Beiträge. Die veröffentlichten Beiträge (»Postings«) können zudem über eine Suchfunktion gefunden und nachgelesen werden.

- Die weitgehend anonyme Teilnahme schützt die Privatsphäre und verringert die Angst vor Stigmatisierungen.
- Die Anonymität erleichtert zudem die Diskussion über unangenehme Themen – wie etwa sexuelle Probleme oder übermäßigen Alkoholkonsum.
- Interessenten können das Angebot vorsichtig und unverbindlich testen und erst einmal passiv mitlesen.
- Die Betroffenen erhalten Kontakt zu den unterschiedlichsten Experten, die unter Umständen auch ganz spezifische Anfragen beantworten können.
- Äußerlichkeiten wie körperliche Behinderungen, Alter, Geschlecht oder soziale Schicht spielen kaum eine Rolle.

Nachteile von Onlineforen

Trotzdem können nicht alle Betroffenen gleichermaßen von einem Austausch in onlinebasierten Kommunikationsforen profitieren. Während einige Nutzer die vorhandene Anonymität sowie die eher lockeren Verbindungen schätzen, können für andere hier auch Risiken und Nachteile stecken. So kann beispielsweise eine intensive Nutzung der Foren vorhandene Rückzugstendenzen und das Vermeiden von direkten persönlichen Kontakten verstärken. Weitere Nachteile sind:

- Das Fehlen nonverbaler Kommunikationsmöglichkeiten (durch Stimmlage, Gesichtsausdruck, Gestik) kann zu Missverständnissen und Fehleinschätzungen führen.
- Die Unverbindlichkeit in den Onlinegruppen führt zu weniger Beständigkeit und möglicherweise auch zu einer geringeren Motivation der einzelnen Diskussionsteilnehmer.
- Durch die zeitversetzte Kommunikation erhalten die Betroffenen keine unmittelbare Rückmeldung auf ihre Beiträge und wissen auch nicht, ob und wann ihre Anfragen beantwortet werden.
- In vielen Onlinediskussionsforen gibt es keine formalen Regeln als Orientierungshilfe für neue Teilnehmer.

Therapie und Selbstmanagement im Internet

Seit einiger Zeit suchen Depressionsexperten nach Möglichkeiten und Wegen, wie die von den Teilnehmern der Depressionsforen beschriebene Unterstützung und Begleitung bei der Krankheitsbewältigung mithilfe internetbasierter Angebote weiterentwickelt und professionalisiert werden kann. In diesem Zusammenhang taucht auch immer wieder die Frage auf, ob und in welchem Umfang das Internet in eine professionelle Behandlung eingebunden werden kann.

Viele Betroffene werden auf eine persönliche und vertrauensvolle Beziehung zu dem Psychotherapeuten nicht verzichten wollen. Zu bedenken ist zudem, dass trotz inzwischen vorliegender Wirksam-

Ideen und Unterstützung für Betroffene

keitsbelege einiger Programme und einer verstärkten Forschung in diesem Bereich, eine Aufnahme rein internetbasierter Programme in die gesetzliche Krankenversorgung vorerst nicht geplant ist. Allerdings können in begründeten Ausnahmefällen einzelne Therapiebausteine onlinebasiert durchgeführt oder eine onlinegestützte Nachsorge angeboten werden. Davon könnten vor allem Betroffene in Gegenden mit einer schlechten Infrastruktur oder mit einer eingeschränkten Mobilität aufgrund weiterer Erkrankungen profitieren.

In einigen Ländern wie den Niederlanden oder Großbritannien werden sogenannte Ferntherapien, beispielsweise über das Telefon oder eben im Internet, bereits jetzt von den Krankenkassen übernommen. Einige von ihnen konnten auch bei der Behandlung vor allem leichter Depressionen gute Erfolge erzielen.

wichtig

Zurzeit können internetbasierte Psychotherapieprogramme herkömmliche und bewährte Therapieverfahren ergänzen. Sie können sie jedoch nicht ersetzen.

Onlinebasiertes Selbstmanagement

Besonders interessant und vielversprechend sind ergänzende onlinebasierte Internetprogramme für depressive Patienten im Sinne eines Selbstmanagements. Diese sollen die Betroffenen dabei unterstützen, sich intensiver mit ihrer Krankheit und deren Verlauf auseinanderzusetzen. Diese Programme basieren zum Teil auf bewährten Psychotherapieansätzen wie zum Beispiel der kognitiven Verhaltenstherapie.

Zurzeit wird intensiv beforscht, ob diese internetbasierten Selbstmanagementprogramme auch eigenständig für die Aufklärung über und die Bewältigung von leichten bis mittelschweren Depressionen eingesetzt werden können.

Fest steht jedoch, dass solche Selbstmanagementprogramme gerade bei schweren Formen der Depression eine medikamentöse oder professionelle psychotherapeutische Behandlung mit direktem persönlichem Kontakt keinesfalls ersetzen können.

Apps & Co.

Seit einiger Zeit finden sich auch in den bekannten Downloadstores zunehmend mehr Angebote zur Bekämpfung depressiver Verstimmungen oder sogar auch depressiver Erkrankungen. Der Nutzen solcher Smartphone-Apps & Co. ist bislang noch nicht hinreichend untersucht worden und daher mit Skepsis zu betrachten. Erschwerend kommt hinzu, dass die meisten »therapeutischen Apps« nicht von professionellen Therapeuten entwickelt wurden.

Treiben Sie Sport

Mit Sport allein kann eine Depression nicht behandelt und auch Rückfällen nicht zuverlässig vorgebeugt werden. Auch Hochleistungssportler können an Depressionen erkranken. Es ist jedoch unbestritten, dass regelmäßige körperliche Bewegung gesund ist. Das gilt auch und gerade dann, wenn Sie sich von einer depressiven Phase erholt haben oder unter einer leichten Form der Depression leiden. Durch die körperliche Aktivität werden unter anderem körpereigene Hormone (wie das »Glückshormon« Endorphin) ausgeschüttet, die sich positiv auf Ihr Wohlbefinden auswirken. Sport kann deshalb zusätzlich zur Psychotherapie und Pharmakotherapie sinnvoll sein, um die Genesung zu beschleunigen, vielleicht auch um Rückfälle zu verhindern.

Wenn die Schwere der Depression es zulässt, kann Bewegung in der Natur zu einem sinnlichen Erlebnis werden. Vielleicht gelingt es Ihnen dann, Ihre Umgebung wieder bewusster wahrzunehmen. Vor allem, wenn Sie »Ihre« Strecke gut kennen und sich deshalb nicht mehr so sehr auf den Weg konzentrieren müssen.

Welche Sportart ist geeignet?

Grundsätzlich sind alle Ausdauersportarten wie Wandern, Radfahren, Schwimmen, Walken oder gemäßigtes Joggen empfehlenswert. Um sich tatsächlich besser zu fühlen, sollte Sie »Ihre« Sportart regelmäßig betreiben, idealerweise drei- bis viermal in der Woche ungefähr eine halbe Stunde lang.

Falls Sie unter Ein- und/oder Durchschlafschwierigkeiten leiden, tut Ihnen möglicherweise auch ein regelmäßiger abendlicher Spaziergang gut. Sie sollten sich jedoch vor dem Zubettgehen nicht anstrengend sportlich betätigen. Dadurch könnten nämlich Ihre Schlafprobleme noch verstärkt werden.

Finden Sie bei der von Ihnen ausgewählten Ausdauersportart Ihr sportliches Wohlfühltempo: Beginnen Sie langsam und steigern Sie dann vorsichtig Trainingszeit und -tempo.

wichtig
Regelmäßige Bewegung – am besten unter freiem Himmel – ist zusätzlich zur Behandlung der Depression sehr zu empfehlen.

Joggen

Falls Sie sich fürs Joggen entscheiden, starten Sie Ihr Programm mit zügigem Gehen. Nach 2 bis 3 Minuten fangen Sie langsam an zu laufen. Dabei sollten Sie sich normal unterhalten können. Nach spätestens 5 Minuten sollten Sie das Tempo wieder drosseln und ein paar Minuten lang gehen. Bei Bedarf können Sie jetzt eine aktive Pause einlegen.

Nutzen Sie diese Zeit dafür, Ihre Oberschenkel und Waden zu dehnen. Beginnen Sie mit einem Ausfallschritt und stützen Sie sich an einem Baum, Zaun oder einer Bank ab. Verharren Sie eine halbe Minute lang ruhig in dieser Position und wechseln Sie anschließend das Bein. Anschließend winkeln Sie ein Bein nach hinten ab, greifen mit der gleichen Hand zum Fußgelenk und ziehen dieses Richtung Gesäß. Dabei wird die Oberschenkelmuskulatur gedehnt. Nach einer halben Minute ist das andere Bein dran. Nach dieser Pause beginnen Sie das Programm wieder von vorn. Nach und nach können Sie dann die Gehpausen immer weiter verkürzen, bis Sie schließlich die ganze Strecke durchlaufen.

Den Alltag besser bewältigen

Während einer depressiven Phase haben Sie vermutlich ständig das Gefühl, dass Ihr Alltag wie ein nicht zu bewältigender Berg vor Ihnen liegt. Sie wissen nicht, wo Sie anfangen sollen, und fühlen sich bereits wie gelähmt und überfordert. Die nachfolgenden Empfehlungen sollen für Sie zusätzlich zur ärztlichen oder psychologischen Therapie eine Hilfe sein, den Alltag stressfreier zu bewältigen.

Mehr angenehme Aktivitäten einplanen

Für manche Betroffene kann es hilfreich sein, sich einen konkreten Wochenplan zu erstellen. Die Erstellung von Wochenplänen ist auch ein Baustein der kognitiven Verhaltenstherapie. Sie können so bewusst Einfluss nehmen, dass die Woche nicht nur aus Belastungen und unangenehmen Aufgaben besteht. Bei vielen Betroffenen überwiegen unangenehme Aufgaben und Anforderungen. Planen Sie deshalb bewusst Aktivitäten ein, über die Sie sich vielleicht sogar im Rahmen Ihrer Depression etwas freuen können. Dies hilft auch gegen Ihre Erkrankung. Notieren Sie auf dem Wochenplan alle Aktivitäten, die Sie im Laufe der Woche erledigen müssen oder wollen. Wenn Sie möchten, können Sie Ihre Wochenplanung darüber hinaus auf potenzielle Spaß- und Erfolgserlebnisse überprüfen: Schreiben Sie hinter die positiven Aktivitäten, wie groß Sie den damit verbundenen Spaßfaktor (S), und hinter die negativen Aktivitäten, wie groß Sie das damit einhergehende Erfolgserlebnis (E) einschätzen. Gut geeignet ist eine Skala von 0 (gar nicht) bis 5 (sehr viel). Zum Beispiel: Allein mit dem Auto in die Stadt fahren (E = 4); eine alte Freundin treffen (S = 3) usw.

Möglicherweise stellen Sie dann fest, dass die unangenehmen und nicht mit einem Erfolgserlebnis verknüpften Aktivitäten überwiegen. In diesem Fall können Sie überlegen, ob Sie in Ihre Wochenplanung mehr positiv besetzte Ereignisse einbauen können.

SELBSTHILFE: (WIEDER) AKTIV WERDEN!

Schlafstörungen bekämpfen

Die meisten Depressiven leiden unter Ein- und/oder Durchschlafstörungen. Typischerweise wachen depressiv Erkrankte in der zweiten Nachthälfte auf und liegen dann mit quälenden Grübeleien im Bett. Bei schweren Depressionen sind diese Schlafstörungen oft sehr hartnäckig und lassen sich nur medikamentös lindern. Es gibt jedoch einige allgemeine Empfehlungen, die bei Schlafstörungen hilfreich sein können.

Zunächst ist ein möglichst geregelter Tagesablauf mit festen Zeiten fürs Aufstehen und Zubettgehen wichtig. Vermeiden Sie es, soweit es Ihnen möglich ist, sich tagsüber hinzulegen. Bestimmte Rituale, wie ein Abendspaziergang, entspannende Musik hören oder lesen, können Ihnen dabei helfen, den Tag hinter sich zu lassen und sich auf die Nachtruhe einzustimmen.

Schweres Abendessen, Kaffee, schwarzer Tee oder Cola können sich bekanntlich negativ auf den Schlaf auswirken. Auch Alkohol ist problematisch. Er erleichtert vielleicht das Einschlafen, führt aber oft zu Durchschlafproblemen.

Bei Schlafproblemen sollten Sie Ihr Bett wirklich nur zum Schlafen nutzen und zum Essen, Lesen oder Fernsehen aufstehen. Vermeiden Sie es auch, längere Zeit schlaflos im Bett liegen zu bleiben, ständig auf die Uhr zu schauen und dann womöglich ins Grübeln zu verfallen. Besser wäre, aufzustehen und zum Beispiel ein warmes Bad zu nehmen oder die Lieblingsmusik zu hören. Gehen Sie erst dann wieder ins Bett, wenn Sie sich wirklich müde fühlen.

Wenn Sie die Kraft dazu haben, sollten Sie auch morgens regelmäßig zur gewohnten Zeit aufstehen. Bedenken Sie, dass Ihr Körper nur etwa 7 bis 8 Stunden Schlaf pro Tag benötigt. Wenn Sie bereits um

Wer oder was hilft Ihnen aus der Depression? Neben den richtigen Medikamenten und der Psychotherapie können u. a. auch die Angehörigen, der Partner, andere Betroffene oder der Austausch im Internet eine hilfreiche Rolle spielen.

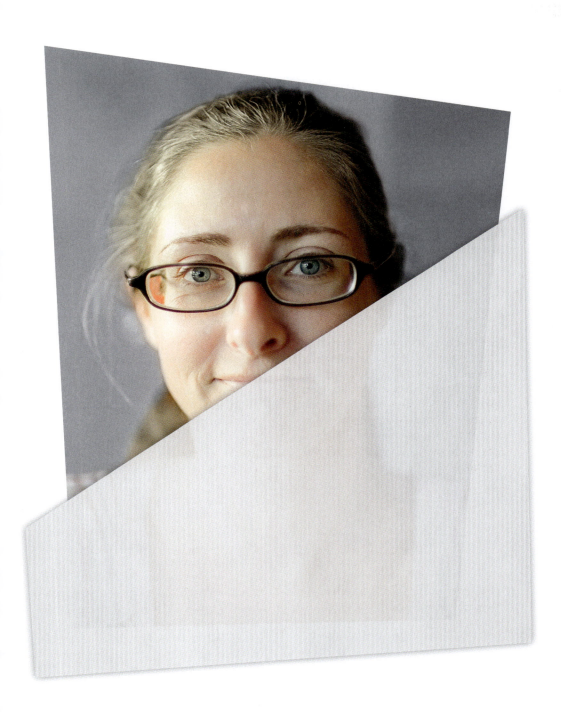

Selbsthilfe: (wieder) aktiv werden!

22 Uhr ins Bett gehen und vielleicht noch 1 Stunde mittags geschlafen haben, können Sie nicht erwarten, dass Sie bis morgens um 8 Uhr durchschlafen. Gehen Sie deshalb abends nicht zu früh ins Bett.

Das Schlaf-Depressions-Protokoll (siehe Seite 112) hilft Ihnen möglicherweise zu erkennen, ob eine Beschränkung der Bettzeit auf 7 bis 8 Stunden für Sie wichtig ist. Bei Verkürzung der Bettzeit bessert sich auch meist die Schlafqualität, d. h., Sie wachen weniger oft auf und schlafen tiefer.

wichtig

Bitte bedenken Sie die ab Seite 111 dargestellten Zusammenhänge zwischen Schlaf und depressiver Stimmung. Bei vielen Erkrankten bessert Schlafentzug oder ein verkürzter Schlaf die Depression, und langer Schlaf kann die Depression und das Erschöpfungsgefühl verstärken.

Ernährung bei Depressionen

Es gibt keine wissenschaftlichen Belege dafür, dass Depressionen allein durch eine spezielle Diät behandelt werden können. Auch für diverse Multivitaminpräparate konnte bisher in Studien kein eindeutiger Nutzen bei Depressionen nachgewiesen werden. Es können hier trotzdem einige allgemeine Empfehlungen ausgesprochen werden.

Keine Diäten machen

Während einer depressiven Episode sollten größere Gewichtsschwankungen möglichst vermieden werden. Insofern ist es meist nicht günstig, während einer Depression mit einer Diät oder mit dem Fasten zu beginnen. Da Appetitlosigkeit und Gewichtsverlust oft Begleiter einer depressiven Episode sind, sollten Sie ganz bewusst auf einen möglichst abwechslungsreichen Speiseplan achten und sich öfter mal Ihr Lieblingsessen gönnen. Besonders ältere Menschen müssen auf ausreichendes Trinken (ca. zwei Liter pro Tag sind ratsam) achten. Während einer Depression ist oft nicht nur der Appetit, sondern auch der Durst vermindert.

Öfter mal Fisch essen

Fische wie Lachs, Sardinen, Thunfisch und auch Schalentiere enthalten langkettige mehrfach ungesättigte Fettsäuren (Omega-3-Fettsäuren). Neuere Untersuchungen weisen darauf hin, dass diese möglicherweise eine antidepressive Wirkung entfalten. Hierzu passt, dass in Ländern mit hohem Fischkonsum nicht nur Herzinfarkte, sondern auch Depressionen seltener vorzukommen scheinen. Sich gelegentlich ein leckeres Fischgericht zu genehmigen, kann deshalb nicht schaden.

WISSEN

Chili und Schokolade – zweifelhafte Empfehlungen zur Ernährung

In den Medien tauchen immer wieder recht zweifelhafte Ernährungsempfehlungen für Depressive auf. So wird den Betroffenen beispielsweise geraten, ausschließlich scharf zu essen und alle Gerichte mit Chili und Peperoni zu würzen. Die scharfen Schoten sollen die Endorphinproduktion im Körper ankurbeln. Auch der Verzehr von Schokolade wird immer wieder empfohlen, da die ebenso fett- wie kohlenhydratreichen süßen Tafeln diesen Angaben zufolge die Serotoninproduktion im Körper erhöhen. Problematisch an solchen Empfehlungen ist vor allem die Einseitigkeit. Es ist wichtig, dass Sie auf eine ausgewogene Ernährung achten, um Mangelerscheinungen vorzubeugen!

Achten Sie auf genügend Ballaststoffe

Verdauungsbeschwerden sind ein häufiger Begleiter depressiver Erkrankungen. Schuld daran ist oft mangelnde Bewegung und manchmal auch eine unzureichende Flüssigkeitsaufnahme. Insofern können regelmäßige, kleine Spaziergänge und ausreichendes Trinken helfen, Ihren Darm wieder in Schwung zu bringen. Auch eine ballaststoffhaltige Ernährung regt die Darmtätigkeit an und beugt so Verstopfungen vor.

Rückfallverhütung: Das können Sie selbst tun

Ist die depressive Episode abgeklungen, so fühlen Sie sich möglicherweise wie aus einem Albtraum erwacht und würden die dunklen Wochen oder Monate am liebsten sofort vergessen. Das ist verständlich. Doch bei einer Depression besteht immer ein ernsthaftes Rückfallrisiko. Sie selbst können viel dazu beitragen, dieses möglichst gering zu halten.

Experte in eigener Sache werden

Setzen Sie sich mit Ihrer Erkrankung intensiv auseinander. Versuchen Sie, »Experte in eigener Sache« zu werden und sich möglichst gut über Depressionen zu informieren. Beziehen Sie so weit wie möglich auch Ihre näheren Angehörigen oder Ihren Lebenspartner in diesen Lernprozess mit ein, da Sie dann auf verstärkte Unterstützung und mehr Verständnis hoffen können.

Auf Frühzeichen achten

Überlegen Sie sich, welche Frühzeichen der depressiven Erkrankung bei Ihnen auftraten. Woran haben Sie zuerst bemerkt, dass etwas nicht stimmt? Manche Betroffene berichten in diesem Zusammenhang von hartnäckigen Schlafstörungen, bei anderen stehen Grübelneigungen oder verstärkte Selbstkritik am Anfang einer Depression. Ein Patient berichtete, dass seine Gedanken plötzlich nur noch um die Vergangenheit kreisten, um das Wort »hätte«. »Hätte ich doch damals bloß nicht …«, »hätte ich doch anders reagiert«. Die Zukunft erschien ihm verschlossen.

Hat sich Ihre Depression bei Ihnen langsam über Wochen eingeschlichen oder begann sie relativ abrupt? Notieren Sie sich Ihre Frühzeichen und das langsame oder schnelle Einsetzen der Depression.

Überlegen Sie sich, wie Sie vorgehen, falls Sie diese Frühzeichen bemerken oder erneut in eine schwere Depression geraten sind. An wen können Sie sich wenden? Ist diese Person immer (auch nachts!) erreichbar? Wer muss sonst noch verständigt werden? Besonders bei rezidivierenden schweren Depressionen ist es wichtig, bereits im Vorfeld ein »Notfallpaket« zu schnüren, das zum Beispiel die wichtigen Telefonnummern, Schlafanzug und andere Utensilien für eine stationäre Behandlung, alte Arztbriefe und Befunde, Medikamentennamen, Versicherungskarte, enthalten kann. In der Depression wird es Sie sehr große Mühe kosten, notwendige organisatorische Schritte zu unternehmen. Oft ist dann schon die Suche nach der Telefonnummer des behandelnden Arztes zu viel.

Auf das Schlafverhalten achten

Wenn Sie mit Ihrem Schlaf-Depressions-Protokoll (siehe Seite 112) festgestellt haben, dass bei Ihnen persönlich eine lange Bettzeit häufig mit einer Verschlechterung der Stimmung und des Erschöpfungsgefühls einhergeht, dann sollte Sie der Versuchung widerstehen, Ihre Bettzeit über 7 bis 8 Stunden auszudehnen oder ein Nachmittagsschläfchen zu halten, auch wenn Sie sich müde fühlen.

Eigene Verhaltensmuster erkennen

Eine Betroffene berichtete, dass dem Auftreten ihrer depressiven Episoden häufig neue und enge Beziehungen mit den damit verbundenen Freuden, Erwartungen, Ängsten und Enttäuschungen vorausgegangen seien. Sie lernte daraus, sich in solchen Situationen vorsichtiger und zurückhaltender zu verhalten. Eine andere Betroffene übernahm immer bereitwillig in der Familie und im Beruf Arbeit und Verantwortung für andere, vernachlässigte dabei jedoch ihre eigenen Wünsche und Interessen. Sie manövrierte sich so in eine Überforderungssituation und reagierte mit einer Depression, insbesondere auch dann, wenn ihr der große Einsatz nicht gedankt wurde.

Überforderung vermeiden

Versuchen Sie, vielleicht auch im Gespräch mit Ihrem Arzt oder Psychotherapeuten, Ihre speziellen Risikosituationen herauszufinden (z. B. Überforderung im Beruf, Streit in der Familie, Prüfungsstress etc.). Überlegen Sie sich, ob und wie Sie derartige Situationen vermeiden beziehungsweise bewältigen können, und schreiben Sie sich die einzelnen Schritte konkret auf. Derartige Überforderungssituationen zu vermeiden ist viel schwieriger, als es zunächst erscheinen mag, und erfordert ein intensives Auseinandersetzen mit den eigenen Verhaltensmustern und in den meisten Fällen psychotherapeutische Unterstützung.

Informationen und Hilfe für Angehörige

Auch für die Angehörigen ist die Depression eine Belastung. Die depressive Stimmung kann alle in der Familie bedrücken. Der Betroffene erscheint total verändert; das gewohnte Familienleben funktioniert auf einmal nicht mehr. Die Familie fühlt sich von dem Betroffenen allein gelassen. Daher brauchen auch die Angehörigen Informationen, eventuell Unterstützung und Regenerationsmöglichkeiten.

Die Depression ist für alle belastend

Steht die Diagnose Depression noch nicht fest, so wird das veränderte Verhalten des Betroffenen oft als beunruhigend empfunden. Mit der Diagnose der Erkrankung hören die Schwierigkeiten aber nicht auf. Familie und enge Freunde geraten mit ihrer Geduld immer wieder an ihre Grenzen und reagieren vielleicht genervt auf den hartnäckigen Pessimismus und die Empfindlichkeit des depressiv Erkrankten.

Für die Familie ist es sehr schmerzhaft, den Partner, Elternteil oder Freund plötzlich so leidend, energielos und hoffnungslos zu erleben. Verunsicherung und Sorge sind die ersten Reaktionen. Aus eigener Hilflosigkeit und Enttäuschung ziehen sich manche Angehörige auch von dem Erkrankten zurück. Oftmals sind sich die Bezugspersonen zudem nicht sicher, ob der Betroffene wirklich nicht kann oder eher nicht will. Ärger und Vorwürfe sind die Folge. Auch Schuldgefühle sind häufige emotionale Reaktionen auf die Erkrankung. Vor allem Eltern eines depressiven Kindes fragen sich, was sie bei ihrem Sohn oder ihrer Tochter bloß falsch gemacht haben.

Familiäre Konflikte können unter Umständen mit zu der depressiven Erkrankung beitragen. Selbstanklagen und entsprechende Grundsatzdiskussionen helfen in dieser Situation jedoch nicht weiter. Daher ist es manchmal besser, derartige Probleme erst einmal zu vertagen, bis sich der Betroffene wirklich besser fühlt. Behalten Sie zudem im Hinterkopf, dass es die depressive Erkrankung ist, die den Partner oder den Freund so verändert hat.

wichtig

Je länger die Depression andauert, umso häufiger entwickeln auch die Familienangehörigen eine pessimistische Haltung oder Gereiztheit gegenüber dem Betroffenen.

Informationen und Hilfe für Angehörige

Vielen Depressiven fällt es schwer, sich zu Aktivitäten zu motivieren. Selbst Aufstehen und Anziehen stellen plötzlich ein unüberwindliches Hindernis dar. Hier können Sie als Angehörige den Patienten unterstützen. Bedenken Sie jedoch, dass die Verantwortung für die Depressionsbehandlung bei den Ärzten und psychologischen Psychotherapeuten liegt. Eine Depression lässt sich mit Liebe und Zuwendung alleine ebenso wenig behandeln wie Diabetes oder ein gebrochenes Bein. Ist der Betroffene damit einverstanden, so können die Familienmitglieder in die Therapie mit einbezogen werden. Zusammen mit dem behandelnden Arzt oder Therapeuten und dem depressiven Familienmitglied können dabei bestehende Konflikte und Missverständnisse angesprochen werden. Die Familienangehörigen werden über das medizinische Krankheitskonzept zu depressiven Erkrankungen sowie die Behandlung informiert und können ihre Zweifel und Sorgen äußern. An dieser Stelle kann auch über das Thema Suizidgedanken gesprochen werden.

Was Angehörige oder Freunde tun können

Zum Umgang mit depressiven Familienmitgliedern oder Freunden gibt es folgende Empfehlungen:

Akzeptieren Sie die Depression als Erkrankung

Wichtig ist zunächst einmal, dass Sie die Depression als eine schwere und ernst zu nehmende Erkrankung anerkennen und akzeptieren. Sie beeinflussen nicht nur die Stimmung des Betroffenen, sondern sein gesamtes Erleben und Verhalten. Fast immer sind auch der Schlaf, der Appetit und die Sexualität beeinträchtigt. Versuchen Sie, sich möglichst umfassend und frühzeitig über die Entstehung, die Verläufe und die Behandlungsmöglichkeiten depressiver Erkrankungen zu informieren.

Sorgen Sie für ärztliche Behandlung

Wie bei allen schweren Krankheiten muss ärztliche Hilfe geholt werden. Sie können Ihren erkrankten Angehörigen dabei unterstützen. Ergreifen Sie die Initiative und vereinbaren für den Kranken einen Arzttermin. Depressive Menschen suchen die Schuld für ihr Befinden häufig bei sich selbst und denken nicht an eine Erkrankung. Aus diesem Grund halten sie einen Arztbesuch oft für unnötig. Oder es fehlt ihnen die Kraft, einen Termin zu vereinbaren beziehungsweise diesen dann auch tatsächlich einzuhalten. Hoffnungslosigkeit ist ein zentrales Merkmal der Depression. Viele Depressive glauben deshalb auch nicht, dass ihnen überhaupt geholfen werden kann. Eine entsprechende Unterstützung seitens der Angehörigen ist daher oft sehr wichtig.

Bleiben Sie optimistisch und geduldig

Viele Depressive ziehen sich von ihrer Umwelt zurück, sind verzweifelt und hoffnungslos. Wenden Sie sich nicht von dem Betroffenen ab, auch wenn er sich noch so abweisend verhält. Erinnern Sie ihn stattdessen daran, dass die Depression eine gut behandelbare Erkrankung ist und vorübergehen wird. Versuchen Sie Ihren erkrankten Angehörigen auch nicht von der Grundlosigkeit seiner Schuldgefühle zu überzeugen oder mit ihm über seine negative Sichtweise zu streiten. Beides wird keinen Erfolg bringen. Sagen Sie klar, wie Ihre Sicht ist, ohne zu erwarten, dass der depressiv Erkrankte diese übernehmen kann.

Keine gut gemeinten Ratschlägen

Raten Sie einem depressiven Menschen nicht, einfach mal abzuschalten und für ein paar Tage Urlaub zu machen. Eine fremde Umgebung bringt den Betroffenen meist nur noch mehr aus dem Gleichgewicht. Auch die verständliche Aufforderung, er oder sie möge sich mehr »zusammenreißen«, verstärkt unter Umständen nur die Schuldgefühle des Erkrankten. Gleiches gilt für gut gemeinte Aufmunterungsversuche. Versuchen Sie den Betroffenen aber unbedingt zu unterstützen, wenn er selbst die Initiative für Aktivitäten ergreift.

Raten Sie dem Betroffenen, wichtige Entscheidungen wenn möglich zu verschieben. Der Depressive betrachtet sein Leben und seine Umwelt wie durch eine schwarze Brille und wird so leicht Entscheidungen treffen, die er nach dem Abklingen der Depression bereuen könnte.

Denken Sie auch an sich

Die Depression belastet nicht nur den Betroffenen, sondern auch Sie als Angehörigen. Deshalb sollten Sie die Grenzen Ihrer Belastbarkeit kennen und Ihre eigenen Interessen nicht aus den Augen verlieren. Pflegen Sie zu Ihrer Unterstützung Kontakt zu Freunden und Bekannten. Hilfreich kann für Sie auch der Besuch einer Selbsthilfegruppe für Angehörige sein. Auch der Bundesverband der Angehörigen psychisch Kranker e. V. (BApK) bietet Unterstützung für Angehörige an (siehe Service).

Depressionen am Arbeitsplatz

Beim Blick auf Krankheits-Statistiken hat man den Eindruck, dass immer mehr Menschen unter Depressionen leiden. In den Medien wird oft diskutiert, ob die Arbeitsbelastungen und der damit verbundene Stress zu Burnout führen. Aber ist die Zahl der Depressionen tatsächlich gestiegen und macht uns wirklich die Arbeit krank?

Das Thema Depressionen am Arbeitsplatz wird auch von Unternehmen und der Politik als zunehmend bedeutsam wahrgenommen. Denn die Zahl der Arbeitsunfähigkeitstage oder Frühberentungen aufgrund von Depressionen nehmen zu, wie Statistiken zeigen. Die durch psychische Krankheiten ausgelösten Krankheitstage haben sich in den letzten 30 Jahren vervielfacht, wohingegen die Fehlzeiten am Arbeitsplatz insgesamt eher leicht zurückgegangen sind.

Oft wird das Thema deshalb unter der Vorstellung diskutiert, dass Arbeit zu »Burnout« und Depressionen führt und krank macht. Als krankmachende Stressfaktoren werden hier unter anderem die beschleunigten Kommunikationsprozesse sowie die permanente Erreichbarkeit via moderner Kommunikationsmedien wie Smartphones genannt. Allerdings geht diese Diskussion von falschen beziehungsweise nicht ausreichend gesicherten Annahmen aus.

Fakten zum Thema Depression und Arbeit

Untersuchungen in der Allgemeinbevölkerung ergaben übereinstimmend, dass es keine generelle Zunahme von Depressionen gibt. Die Depression war und ist eine häufige Erkrankung.

Insofern weist auch die Zunahme der Fehltage und Frühberentungen aufgrund Depressionen in den Statistiken der Krankenkassen und Rentenversicherungsträger auf eine erwünschte Entwicklung hin: Immer mehr Depressive suchen medizinische Hilfe und erhalten die richtige Diagnose. Ärzte erkennen die Erkrankung besser und verstecken die Diagnose nicht hinter Ausweichdiagnosen wie etwa chronischen Rückenschmerzen, anhaltenden Schlafstörungen oder Tinnitus. Sie nennen eine Depression auch Depression. Insofern ist der zunehmende Gebrauch des nicht klar definierten Begriffs »Burnout« hier als ein Rückschritt anzusehen (siehe Seite 19).

Selbsthilfe: (wieder) aktiv werden!

Der beeindruckende Rückgang der Suizidzahlen in Deutschland von circa 18.000 Fällen Anfang der 1980er Jahre auf zirka 10.000 im Jahr 2010 stützt die Auffassung, dass es nicht mehr depressiv Erkrankte, jedoch mehr Erkrankte mit einer korrekten Diagnose und einer konsequenten Behandlung gibt.

Zudem ist der in diesem Zusammenhang immer wieder postulierte direkte Zusammenhang zwischen beruflichem Stress und einer daraus resultierenden Depression weniger eindeutig als vielfach angenommen wird. Da jede Depression mit dem Gefühl der Erschöpfung und Überforderung einhergeht, ganz unabhängig von den tatsächlich vorhandenen Anforderungen, wird hier der tägliche Arbeitsstress fälschlicherweise als Ursache der Depression oder des »Burnouts« angesehen.

Es gibt aber keinerlei Hinweise, dass Erwerbstätige oder auch Manager im Hochleistungsbereich häufiger depressiv sind als andere Personengruppen.

Regelmäßige Arbeit als Depressionsschutz

Viel eher dürften Arbeit und eine regelmäßige Beschäftigung eher schützende Effekte haben. Bei einzelnen Erkrankten und einem geeigneten Arbeitsumfeld kann es sinnvoll sein, dass sie mit ihrem Arbeitgeber sprechen und bei einem deutlich reduzierten Arbeitspensum in ihrem Arbeitsrhythmus bleiben. Viele depressiv Erkrankte sind im gesunden Zustand eher Leistungsträger, verantwortungsbereit und gewissenhaft, sodass bei einem vertrauensvollen Arbeitsverhältnis derartige Lösungen bisweilen möglich sind. Manche Erkrankte ziehen diese Lösung einer Krankschreibung, bei der sie dann zu Hause grübelnd im Bett liegen, vor. Nach einer Krankschreibung gibt es zudem die Option betrieblicher Wiedereingliederungsmaßnahmen, die dem Betroffenen im Rahmen seiner individuellen Leistungsfähigkeit die schrittweise Rückkehr in seinen vertrauten Arbeitsalltag ermöglicht.

Richtig ist sicher, dass eine schlechte Arbeitsatmosphäre zu Unzufriedenheit, Stress und Frustration sowie zu einer inneren Loslösung des Mitarbeiters von seinem Betrieb führt. Solche Reaktionen sind normal und führen keinesfalls geradewegs in eine Depression.

wichtig

Depression ist eine Erkrankung, die jeden treffen kann und keine nachvollziehbare Reaktion auf stresshafte Lebensumstände. Viele Faktoren von Arbeit können vielmehr antidepressiv wirken.

Zum Beispiel die Einbindung in verlässliche Strukturen und Arbeitsabläufe, der regelmäßige Kontakt und Austausch mit den Arbeitskollegen, die Identifikation mit der Tätigkeit, die Wertschätzung für die geleistete Arbeit und auch die Ablenkung von den eigenen Beschwerden.

Obwohl die Depression zunehmend mehr als ernst zu nehmende und behandlungsbedürftige Erkrankung wahrgenommen und akzeptiert wird, ist die Sorge der Betroffenen, bei ihren Mitmenschen auf Unverständnis oder gar Ablehnung zu stoßen, groß. Betroffene Arbeitnehmer befürchten unter anderem, der eigenen Karriere durch ein Bekanntwerden der Erkrankung nachhaltig zu schaden und von Vorgesetzten und Kollegen als dauerhaft nicht (mehr) belastbar und leistungsfähig eingestuft zu werden. Das Verschweigen der Erkrankung führt aber wiederum dazu, dass sich viele Betroffene mit ihrer Erkrankung isoliert fühlen.

Was müssen Arbeitgeber und Kollegen wissen?

Wie offen Sie mit Ihrer Erkrankung umgehen wollen und können, sollten Sie sich in Ruhe überlegen. Sobald ein längerer Arbeitsausfall ansteht, zum Beispiel im Rahmen einer stationären Behandlung, müssen Sie entscheiden, ob und in welcher Weise Sie das Gespräch mit Ihrem Personalverantwortlichen suchen. Falls Sie sich für ein offenes Gespräch entscheiden, sollten Sie ihn kurz und knapp über Ihre Erkrankung informieren und darüber, wie lange Ihre Firma voraussichtlich auf Sie verzichten muss. Ist das nicht vorhersehbar, dann sollten Sie das auch so mitteilen und vielleicht zusichern, sich mit genaueren Angaben schnellstmöglich zu melden. Bitten Sie gegebenenfalls darum, dass Ihre Angaben streng vertraulich behandelt werden. Ihre Vorgesetzten müssen nur über die Krankschreibung, nicht jedoch über die Diagnose informiert werden. Auf dem Krankschreibungsblatt für den Arbeitgeber ist daher die Diagnose nicht angegeben. Es ist Ihre Entscheidung, ob Sie Ihren Arbeitgeber über die Depression informieren. Ihre Entscheidung muss in Abhängigkeit von Ihrem Verhältnis zu Ihrem Arbeitgeber und ihren Kollegen sowie auch Ihrer weiteren Berufs- und Karrierepläne getroffen werden.

Manchmal kann es günstig sein, offen und selbstverständlich mit Ihrer Erkrankung umzugehen. Ihre Kollegen werden lernen, das zu akzeptieren. Falls Sie sich für diesen Weg entscheiden, wird Ihnen vermut-

> **WISSEN**
> ### Die rechtliche Seite
> Ihr Arbeitgeber hat kein Recht darauf, den Grund Ihrer Krankmeldung – die Diagnose – zu kennen. Rechtlich gesehen darf Ihnen aus krankheitsbedingten Gründen nur bei einer »negativen Zukunftsprognose« gekündigt werden. Diese liegt dann vor, wenn auch bei einer entsprechenden medizinischen und/oder psychotherapeutischen Behandlung keine Besserung Ihres gesundheitlichen Zustandes zu erwarten ist. Da Depressionen gut behandelbar sind, trifft das in der Regel nicht zu.

lich mehr Rücksichtnahme und Verständnis entgegengebracht. Viele Betroffene berichten davon, dass ein offener Umgang mit der Erkrankung am Arbeitsplatz viel Druck von Ihnen genommen hat. Auf der anderen Seite müssen Sie aber auch damit rechnen, immer wieder auf Vorurteile und Unverständnis zu stoßen. Auch mit Nachteilen »auf dem Weg nach oben« muss gerechnet werden. Aus diesem Grund sollten Sie vorab genau überlegen, welche Ziele Sie beruflich verfolgen. Manchmal kann es deshalb auch günstiger sein, Ihre Erkrankung für sich zu behalten. Für Nachfragen von Arbeitskollegen, mit denen Sie eher nicht über die Erkrankung sprechen wollen, können Sie sich dann eine Standardantwort zurechtlegen. Zum Beispiel: »Ich war ziemlich krank und kam kaum mehr aus dem Bett. Ich bin froh, dass es vorbei ist. Erinnern Sie mich lieber nicht daran.«

Service

Hilfreiche Adressen und Webseiten

Hilfe für Angehörige
Bundesverband der Angehörigen psychisch Kranker. Umfangreiche Informationen für die Angehörigen psychisch kranker Menschen bietet die Homepage des Bundesverbandes.
BApK e. V.
Oppelner Str. 130
53119 Bonn
Tel.: 0228/71 00 24 00
Fax: 0228/71 00 24 29
E-Mail: bapk@psychiatrie.de
Web: www.bapk.de

Psychotherapie-Informations-Dienst (PID)
Hier erhalten Betroffene und Angehörige die Telefonnummern und Adressen von kassenärztlich zugelassenen Psychotherapeuten in ganz Deutschland
PID
Am Köllnischen Park 2
10179 Berlin
Tel.: 030/209 16 63 30
Fax: 030/209 16 63 16
E-Mail: pid@dpa-bdp.de
Web: www.psychotherapiesuche.de

Kontaktstelle zur Unterstützung von Selbsthilfegruppen
Die »Nationale Kontakt- und Informationsstelle zur Anregung und Unterstützung von Selbsthilfegruppen« (NAKOS) bietet im Internet die Adressen der regionalen Kontaktstellen an. Diese helfen Betroffenen und Angehörigen bei der Kontaktaufnahme zu Selbsthilfegruppen in Wohnortnähe.
NAKOS
Otto-Suhr-Allee 115
10585 Berlin-Charlottenburg
Tel.: 030/31 01 89 60
Fax: 030/31 01 89 70
E-Mail: selbsthilfe@nakos.de
Web: www.nakos.de

Stiftung Deutsche Depressionshilfe mit dem Schirmherrn Harald Schmidt
Die Stiftung Deutsche Depressionshilfe (www.deutsche-depressionshilfe.de) versteht sich als Nachfolge des Forschungsverbundes Kompetenznetz Depression, Suizidalität. Dieses vom Bundesministerium für Bildung und Forschung (BMBF) geförderte Kompetenznetz wurde von dem Autor dieses Ratgebers (Prof. U. Hegerl) geleitet, der auch Vorstandsvorsitzender der Stiftung Deutsche Depressionshilfe ist. Unter dem Dach der Stiftung werden die Aktivitäten des bis zum Jahr 2009 vom BMBF geförderten Kompetenznetzes Depression, Suizidalität und des Deutschen Bündnisses gegen Depression e.V. gebündelt und weiterentwickelt. Zentrales Ziel der Stiftung ist die Verbes-

serung der Situation depressiv erkrankter Menschen durch Aufklärung, Schulungen und Forschung. Die Stiftung Deutsche Depressionshilfe wird in engagierter Weise von ihrem Schirmherrn Harald Schmidt unterstützt. Alle zwei Jahre veranstaltet die Stiftung auch den Deutschen Patientenkongress Depression für Betroffene und Angehörige in Leipzig.
www.deutsche-depressionshilfe.de

Deutsches Bündnis gegen Depression
Der gemeinnützige Verein Deutsches Bündnis gegen Depression e.V. verfolgt unter dem Dach der Stiftung Deutsche Depressionshilfe das Ziel, die gesundheitliche Situation depressiver Menschen über die Gründung und Unterstützung lokaler Bündnisse gegen Depression zu verbessern und so auch Suizide und Suizidversuche zu verhindern. Mehr als 70 Städte und Kommunen haben sich dem Bündnis angeschlossen und engagieren sich auf lokaler Ebene.
www.buendnis-depression.de

Onlinevermittlung von Selbsthilfegruppen
Das Selbsthilfeforum bietet Selbsthilfegruppen, -vereinen und -initiativen die Möglichkeit, ihre Arbeit und Ziele im Internet darzustellen und untereinander sowie mit interessierten Betroffenen Kontakt zu knüpfen.
www.selbsthilfe-forum.de

Beating the Blues
Beating the Blues ist ein englischsprachiges Selbsthilfeprogramm für Betroffene mit einer leichten Depression. Das angebotene Programm basiert auf der kognitiven Verhaltenstherapie und umfasst insgesamt 8 Sitzungen, die jeweils etwa eine Stunde dauern. Hier wird dann vor allem der Zusammenhang zwischen bestimmten Denkmustern und daraus resultierenden Gefühlen erläutert. Das Programm will den Betroffenen dabei unterstützen, besser mit Belastungen und Anforderungen im Privatleben und am Arbeitsplatz zurechtzukommen.
www.beatingtheblues.co.uk

Beyondblue
Beyondblue ist eine gemeinnützige australische Organisation, die ein größeres Bewusstsein und eine verbesserte Behandlung bei Depressionen, bipolaren Störungen, Angststörungen und verwandten psychischen Erkrankungen erreichen will. Die Initiative startete im Oktober 2000 als ein fünfjähriges Projekt der australischen Regierung zur Verbesserung der Behandlung bei Depressionen. Inzwischen wird das Projekt von vielen Politikern gefördert. Seit 2006 unterstützt es auch die australische Footballliga mit einem eigenen gemeinnützigen Turnier (Beyondblue Cup).
www.beyondblue.org.au

Buchtipps

Wehner-Zott S, Himmerich H.: **Die Seele heilen – Ein Mutmachbuch für Depressive und ihre Angehörigen.** 2. Aufl. Gräfe und Unzer; 2010

Inzwischen wird die Depression vielfach nicht mehr als Zeichen persönlicher Lebensunfähigkeit betrachtet, sondern als eine Erkrankung, die jeden treffen kann. So auch die Autorin – dreifache Mutter, berufstätig und bis zum Ausbruch der Depression ein Energiebündel. In ihrem Ratgeber schildert sie ausführlich den Verlauf ihrer Depression – von den ersten Anzeichen über die Akutphase in einer Klinik bis in die Zeit der Rückkehr in die Normalität. Prof. Dr. Himmerich ergänzt ihre Schilderungen durch neueste wissenschaftliche Erkenntnisse aus der Depressionsforschung. Ein Buch, das wichtige Hintergrundinformationen liefert und Betroffenen und deren Angehörigen Mut machen will.

Riecke-Niklewski R, Niklewski G.: **Depressionen überwinden: Niemals aufgeben!** 5. Aufl. Berlin: Stiftung Warentest; 2010

Die 5., überarbeitete Auflage des Ratgebers der Stiftung Warentest bietet den Betroffenen und allen, die ihnen nahestehen, Hilfe: Depressionen können behandelt werden, und das immer besser! Psychotherapie, verschiedene Medikamente und weitere, zum Teil neue Behandlungsmethoden können je nach Krankheitsbild eingesetzt werden. Sport, Stressbewältigung und eine ausgewogene Ernährung tragen viel dazu bei, dass die Depression dauerhaft der Vergangenheit angehört.

Mattejat F, Lisofsky B.: **Nicht von schlechten Eltern. Kinder psychisch Kranker.** Bonn: Psychiatrie Verlag; 2005

Wenn Eltern psychisch krank sind, leiden die Kinder ebenfalls darunter und stehen der Erkrankung meist hilflos und oft allein gelassen gegenüber. Das Buch berichtet über die Erfahrungen von Betroffenen und stellt Modelle und Initiativen vor, die Eltern und Kindern den Umgang mit der psychischen Erkrankung erleichtern sollen. Herausgeber und Autoren bemühen sich dabei sehr um die Aufklärung und das Verständnis des Lesers.

Glossar

Antidepressiva: Medikamente, die nach gründlicher Überprüfung für die Behandlung von depressiven Erkrankungen zugelassen wurden und sich entsprechend bewährt haben. Anders als etwa Schlaf- oder Schmerzmittel wirken Antidepressiva nicht sofort, sondern entfalten ihre volle antidepressive Wirkung erst nach 2 bis 4 Wochen. Entgegen hartnäckiger Vorurteile machen Antidepressiva nicht abhängig und verändern auch die Persönlichkeit nicht.

Bipolare affektive Erkrankung: Form der depressiven Erkrankung, bei der neben depressiven auch manische Phasen auftreten. Diese sind unter anderem durch eine übermäßige euphorische Grundstimmung und Aktivität gekennzeichnet.

Compliance: Bereitschaft des Patienten, die Therapie mitzutragen, d. h. die Behandlung so wie empfohlen durchzuführen. Die Compliance beeinflusst den Krankheitsverlauf entscheidend mit. Behandlungen scheitern oft daran, dass die Medikamente nicht wie empfohlen eingenommen werden.

Depressive Episode: Die Zeitspanne vom Auftreten bis zum Abklingen der depressiven Krankheitszeichen.

Fokaltherapie: Form der Psychotherapie, bei der sich der Betroffene und sein Psychotherapeut im Rahmen der Behandlung auf einen hauptsächlich vorherrschenden Konflikt konzentrieren, der als Auslöser der Erkrankung angenommen wird.

Kognition: Von lateinisch »cognoscere = erkennen«. Der Begriff umfasst die Prozesse des Wahrnehmens, Erkennens, Begreifens, Urteilens und Rückschließens. Kognitive Verhaltenstherapeuten gehen von einer engen Verbindung zwischen dem menschlichen Denken, Fühlen und Handeln aus.

Larvierte Depression: Von lateinisch »larva = die Maske«. Form der Depression, die in der ärztlichen Praxis leicht übersehen wird. Die Betroffenen leiden vorwiegend unter körperlichen Beschwerden wie etwa Kopf- oder Rückenschmerzen, Herz- oder Atembeschwerden.

Lithium: Lithium wird vor allem zur rückfallverhütenden Dauerbehandlung von bipolaren affektiven Erkrankungen eingesetzt. Die Behandlung erfordert fachärztliches Wissen und eine enge und zuverlässige Kooperation zwischen Patient und Arzt, da sonst die Risiken einer Lithiumbehandlung gegenüber den Vorteilen überwiegen.

Nervenarzt: Facharzt für die Fachgebiete Neurologie und Psychiatrie. Neben psychiatrischen Erkrankungen behandelt er auch neurologische Erkrankungen (z. B. Morbus Parkinson, Multiple Sklerose, Epilepsie).

Neuroleptika: Zusammenfassende Bezeichnung verschiedener Substanzen, die üblicherweise bei schizophrenen Erkrankungen verabreicht werden, aber auch bei depressiven Patienten hilfreich sein können. Sie kommen bei schweren und insbesondere wahnhaften Depressionen zum Einsatz.

Neurotransmitter: Chemische Botenstoffe, die für die Übertragung der Aktivität von einer zur anderen Nervenzelle wichtig sind. Bei der Entstehung und Aufrechterhaltung von Depressionen spielen die Botenstoffe Serotonin und Noradrenalin eine zentrale Rolle.

Pharmakotherapie: Krankheitsbehandlung mit entsprechenden Arzneimitteln. Bei der Behandlung von Depressionen werden überwiegend sogenannte »Antidepressiva« eingesetzt.

Plazebo: Wirkstofffreies, äußerlich nicht von einem Originalmedikament unterscheidbares »Scheinmedikament«. Wird unter anderem bei der Überprüfung der Wirksamkeit von Antidepressiva eingesetzt.

Postpartale Depression: Schwere und behandlungsbedürftige depressive Erkrankung der Mutter nach der Geburt. Darf nicht mit dem durch die hormonelle Umstellung nach der Geburt hervorgerufenen Stimmungstief verwechselt werden, das umgangssprachlich auch »Baby-Blues« oder »Heultage« genannt wird.

Psychiater: Facharzt für Psychiatrie, der nach dem Medizinstudium eine entsprechende Facharztausbildung absolviert hat. Er kann Depressionen medikamentös und psychotherapeutisch behandeln.

Psychopharmaka: Medikamente, die über eine Veränderung

GLOSSAR

des Gehirnstoffwechsels psychische Prozesse beeinflussen sollen. Zum Beispiel Beruhigungsmittel (wie Valium), Schlafmittel, Neuroleptika oder Antidepressiva.

Psychotherapeut: Psychologen oder Ärzte, die eine staatlich anerkannte psychotherapeutische Weiterbildung absolviert haben und somit die Erlaubnis besitzen, psychotherapeutisch tätig zu sein.

Psychotherapie: Behandlung psychischer Störungen und Erkrankungen mit psychologischen Methoden als Einzel oder Gruppentherapie.

Rezidiv: Wiederauftreten einer depressiven Phase, nachdem die Krankheitszeichen vollständig verschwunden waren (= »Rückfall«).

Sedierende Substanz: Substanzen mit einer dämpfenden, beruhigenden Wirkung auf das Zentralnervensystem. Werden zur allgemeinen Beruhigung bei erregten und ängstlichen Patienten eingesetzt.

Suizid: Suizid bedeutet auf lateinisch »Selbsttötung«.

Suizidalität umfasst alle Gedanken, Pläne, Impulse und Handlungen, die in Richtung Selbsttötung gehen. Nahezu alle Patienten mit schweren Depressionen kennen Suizidgedanken und -impulse. Die Suizidalität ist ein dunkler Begleiter der depressiven Erkrankung und macht diese oft zu einer lebensbedrohlichen Krankheit.

Symptome: Beobachtbare physiologische oder psychologische Krankheitsanzeichen. Die Hauptsymptome einer depressiven Erkrankung sind eine gedrückte Stimmung, Interessen- beziehungsweise Freudlosigkeit und Schwunglosigkeit.

Synaptischer Spalt: Lücke zwischen zwei Nervenzellen, die ein unüberwindbares Hindernis für elektrische Impulse darstellt. Der Impuls kann den synaptischen Spalt mithilfe chemischer Botenstoffe überbrücken. Diese werden in den Spalt freigegeben, lagern sich an den Kontaktstellen der angrenzenden Nervenzelle an und aktivieren diese so.

Transkranielle Magnetstimulation: Die transkranielle Magnetstimulation (TMS) wird als ein neues Verfahren zur Depressionsbehandlung erforscht. Transkraniell bedeutet »durch den Schädel hindurch«. Bei der Magnetstimulation werden durch ein sich schnell auf- und wieder abbauendes Magnetfeld Nervenzellen in bestimmten Hirnbereichen angeregt.

SERVICE

Liebe Leserin, lieber Leser,

hat Ihnen dieses Buch weitergeholfen? Für Anregungen, Kritik, aber auch für Lob sind wir offen. So können wir in Zukunft noch besser auf Ihre Wünsche eingehen. Schreiben Sie uns, denn Ihre Meinung zählt!

Ihr TRIAS Verlag
E-Mail-Leserservice: heike.schmid@medizinverlage.de
Lektorat TRIAS Verlag, Postfach 30 05 04, 70445 Stuttgart, Fax: 0711-8931-748

Register

A
Acceptance and Commitment Therapy 108
Achtsamkeit 107, 109
ACT 108
Adoptionsstudie 49
Agomelatin 73
Agoraphobie 38
Aktivitäten planen 129
Akutbehandlung 63
Akuttherapie 67
Alltagsbewältigung 129
Altersdepression 31
Amitriptylin 70, 71
Amitriptylinoxid 70
Angehörige
– Belastung 136
– Empfehlungen 137
– Krisensituation 41
Angst 16, 82
Angsterkrankung 38
Angstgefühl 11
Angststörung, generalisierte 38
Anspannung 114
Antidepressiva 63, 65, 66
– Absetzen 66, 67
– Anwendung 77
– Ausschleichen 66
– Auswahl 75
– Fahrtauglichkeit 77
– Nebenwirkungen 68, 76
– neuere 76
– Patient, älterer 81
– Rückfallverhütung 83
– Schwangerschaft 69
– tri- und tetrazyklische 69
– Untersuchungen 80
– Verträglichkeit 77
– Wirkmechanismen 66
Anti-Suizid-Pakt 41
Antriebsstörung 11, 21
Appetitstörung 12
Arbeitgeber 141
Arbeitnehmer 141

Arbeitsausfall 141
Arbeitsplatz 21, 139
Arbeitsstress 140
Arztbesuch 55
Ausdauersport 128
Auslöser 53

B
Baby-Blues 29
Ballaststoffe 133
Behandlung 63
– ambulante 62
– Antidepressiva 78
– Depression, chronische 104
– kombinierte 86
– Kosten 91
– psychoanalytische 100
– stationäre 62
Beipackzettel 68
Beratungsstelle 59
Beruhigungsmittel 42, 66, 82
– Suchtgefahr 82
Beschwerden, körperliche 12, 34
Besserung 88
Bettzeit 112, 132, 135
Bewegung 128
Bewertung, negative 93
Bodyscan 110
Botenstoff 33, 43, 44, 45, 117
Burnout 19, 21, 139

C
CBASP 102
C-CT 108
Chromosomen 48
Citalopram 72
Clomipramin 70
Cognitive Behavioral Analysis System for Psychotherapy 102
Compliance 78
Continuation-Phase Cognitive Therapy 108
CRH 51, 52

D
Denken, negatives 93, 97
Denkmuster
– depressives 96
– negatives 94, 98

Depression 47
– Angehörige 136
– Auslöser 53
– Beschwerden, körperliche 34
– Botenstoffe 47
– Burnout 20
– chronische, Behandlung 104
– Entstehung 48
– Faktoren, genetische 49
– Frühzeichen 134
– Haupt- und Nebensymptome 18
– im Alter 30
– Kindesalter 31
– larvierte 13
– Medikamente 65
– postpartale 29
– Rückfallverhütung 84, 107
– saisonal abhängige 33, 117
– Schweregrad 19
– Selbsttest 22
– Symptome 11
– Syndrome 13
– unipolare 24
– Ursachen 43
– Verlauf 24
– wahnhafte 16, 18, 62
 – Behandlung 80
Depressionsgen 50
Depressionsspirale 92
Depressionssymptome 17
Diabetes mellitus 37
Diagnosekriterien 18
Diagnosestellung 56
Diät 132
Dibenzepin 70
Doxepin 70, 71
Duloxetin 73
Durchschlafen 114
Dysthymie 25

E
Effekte, anticholinerge 70
Einschlafen 114
Einschlafneigung 113
Einzeltherapie 95
Elektrokrampftherapie 114
Erhaltungstherapie 67, 108
Erholung 20

Erkrankung 30
- bipolare affektive 25
  - Behandlung 81
- körperliche 36
- psychische 38
Ernährung 132
Erschöpfung 50, 112, 140
Escitalopram 72

F

Facharzt 56
Fahrtauglichkeit 77
Familientherapie, systemische 105
Fehltage 139
Ferntherapie 127
Fisch 132
Fluctin 72
Fluoxetin 32, 72
Fluvoxamin 72
Fokaltherapie 101
Frauen, Depressionsanfälligkeit 28
Freudlosigkeit 11
Früherkennung 139
Frühzeichen 134

G

Geburt 29
Gefühl der Gefühllosigkeit 11, 17
Gehirn 44, 47, 66, 71
- Untersuchung 56
Geschlechtshormone 29
Geschlechtsunterschied 28
Gesprächspsychotherapie 106
Gewichtszunahme 33
GPT 106
Grübeln 11
Gruppentherapie 95

H

Hausarzt 55, 56
Heilangebote, alternative 118
Heilpraktiker für Psychotherapie 58
Herzerkrankung 36
Herzrhythmusstörungen 71
Heultage 29
Hilflosigkeit, erlernte 93
Hirnanhangsdrüse 51

Hormonumstellung 29
Hypophyse 51

I

Imipramin 70
Internet 121
- Therapie 126
IPT 104

J

Joggen 128
Johanniskrautpräparate 74

K

Kassenzulassung 91
Kind, depressives 31
Klinikaufenthalt 41
Kognition 93
Kollegen 141
Komorbidität 38
Kortikotropin-Releasing-Hormon 51
Kortisol 51
Krankenkassen, Psychotherapieverfahren 90
Krankheitswahn 16
Krankmeldung 141
Krankschreibung 21, 140
Krebs 37
Krisentelefon 41
Kurzzeittherapie 104
- psychoanalytische 101

L

Laboruntersuchung 56
Langzeittherapie 67
Lebensereignisse, kritische 52, 53
Leistungsdruck 50
Lichttherapie 33, 117
Lithium 84
- Rückfallverhütung 84
- Suizidalität 39
Lithiumaugmentation 65, 78

M

Magnetstimulation, transkranielle 116
MAO-Hemmer 73
Maprotilin 70
MBCT 107

MBSR 109
Medikamente 67
- Rückfallverhütung 83
- Wechselwirkungen 69, 77
Medizin, evidenzbasierte 118
Melatonin 73, 117
Mindfulness-Based Cognitive Therapy 107
Mindfulness-Based-Stress Reduction 109
Mirtazapin 73
Missbrauchserlebnis 43
Missempfindungen 34
Mitgefühl 109
Mittagsschlaf 112
Moclobemid 73
Monoaminoxidase 73
Mundtrockenheit 76

N

Nebenwirkungen 69
Nervenarzt 57
Nervenzellen 44, 47
- serotonerge 45
Neuroleptika 66, 81, 82
Neurologe 57
Neurotransmitter 45
Noradrenalin 47, 66
Nortriptylin 70, 71
Notfallplan 41

O

Omega-3-Fettsäuren 132
Onlineforen 125

P

Panikstörung 38
Paroxetin 72
Pharmakotherapie 86
Phobie 38
Plazebo 77
PMDS 28
Präparate, pflanzliche 75
Psychiater 57
Psychoanalyse 99
- Phasen 101
Psychopharmaka 66
Psychotherapeut 58
- Adressen finden 59
- Auswahl 59
- psychologischer 57

Register

– Wechsel 97
Psychotherapie 58, 63
– achtsamkeitsbasierte kognitive 107
– Behandlungskosten 90
– interpersonelle 104
– Probesitzungen 59, 87
– systemische 105
– tiefenpsychologisch fundierte 102
– Wirksamkeit 87
Psychotherapieprogramm, internetbasiertes 127

R
Reboxetin 73
Regelblutung 28
Rezeptor 45
Richtlinienverfahren 90
Rückenschmerzen 34
Rückfallrisiko 83
Rückfallverhütung
– Lithium 84
– Medikamente 83
– Psychotherapie 107
– Selbsthilfe 134
Ruhe 20
Ruhezeit 20

S
Schilddrüsenhormon 56
Schlafbedürfnis, erhöhtes 33
Schlafentzug 21
– therapeutischer 111, 113
Schlafstörungen 12
– bekämpfen 130
Schlafzeit 112
Schlaganfall 36
Schmerzen 12, 14, 34
Schokolade 133
Schuldgefühle 11
Schuldwahn 14
Schwangerschaft 29
– Antidepressiva 69
Sedativa 82
Selbstbild 100, 106
– negatives 97
Selbsthilfe 120
Selbsthilfegruppe 120
Selbstmanagement, onlinebasiertes 127

Selbsttest 22
Selbstwert 107
Serotonin 33, 45, 66, 71, 117
Serotoninspiegel, Bestimmung 47, 76
Serotonin-Wiederaufnahme-Hemmer, selektive 46, 71
Sertralin 72
Smartphone-Apps 127
Somatisierung 34
Sonnenlicht 33
Spaziergang 33
Sport 128
SSRI 46, 47, 71
Stiftung Deutsche Depressionshilfe 121, 125
Stimmung 16
Stimmungsstabilisierer 82
Stress 21, 50, 114
Stresshormon 51
Stresshormonachse 51
Suchtgefahr 82
Suizidalität 18, 39, 81, 101
– Klinikaufenthalt 41
Suizidandrohung 125
Suizidgedanken 13, 20, 29, 39, 137
– Jugendlicher 32
– Kind 32
Suizidgefährdung 62, 115
Suizidrisiko 29, 30, 31, 39, 84
– Lithium 85
Suizidzahlen 140
Synapse 45, 67
Syndrom
– agitiert-depressives 16
– gehemmt-depressives 13
– prämenstruelles dysphorisches 28
– wahnhaft-depressives 14

T
Tagesablauf, strukturierter 21
Tagesklinik 62
Tag-Nacht-Rhythmus 73
Therapie, stationäre 62
Therapiestudie 65
TMS 116
Tranylcypromin 73
Traumatisierung 43
Trimipramin 70

TZA 69
– Aufdosierung 77
– Nebenwirkungen 70

U
Übelkeit 76, 77
Überdosierung 76
Überforderung 20, 50, 140
– vermeiden 135
Übertragung 100
Unruhe 16, 82
Urlaub 21
Ursachen 43, 50

V
Valium 42, 66, 82
Venlafaxin 73
Veranlagung, genetische 48
Verarmungswahn 14, 80
Vererbung 48
Verfolgungswahn 81
Verhaltensanalyse 108
Verhaltensmuster erkennen 135
Verhaltenstherapie, kognitive 91
– Beispiel 96
– Einzeltherapie 95
– Gruppentherapie 95
– Phasen 96
– Ziele 94
Verstärker-Verlust-Modell 91
Vitamin-D-Mangel Auslöser 33
Vulnerabilität 48, 50

W
Wachheit, Regulation 113
Wahn 14, 80
WBT 108
Wechseljahre 29
Well-Being-Therapy 108
Wiedereingliederungsmaßnahme, betriebliche 140
Winterdepression 33, 117
Wochenplan 129

Z
Zuckerkrankheit 37
Zwillingsstudie 48

Impressum

Bibliografische Information der Deutschen Nationalbibliothek
Die Deutsche Nationalbibliothek verzeichnet diese Publikation in der Deutschen Nationalbibliografie; detaillierte bibliografische Daten sind im Internet über http://dnb.d-nb.de abrufbar.

Programmplanung: Sibylle Duelli

Redaktion: Anne Bleick
Bildredaktion: Christoph Frick

Umschlaggestaltung und Layout:
CYCLUS Visuelle Kommunikation, Stuttgart

Bildnachweis:
Umschlagfoto: Corbis
Fotos im Innenteil:
Corbis: S. 3; F1online/Maskot: S. 13; F1online/FF Johner: S. 89; F1online/Fancy Images: S. 103; Plainpicture/André Schuster: S. 27; Plainpicture/Sven Görlich: S. 61; Plainpicture/souslesarbres: S. 79; Plainpicture/Fancy Images: S. 123; Plainpcture/Erickson: S. 131; Paul Ripke: S. 7
Die abgebildeten Personen haben in keiner Weise etwas mit der Krankheit zu tun.

Zeichnungen: Christine Lackner, Ittlingen

3. komplett überarbeitete und aktualisierte Auflage 2013

© 2004, 2013 TRIAS Verlag in MVS
Medizinverlage Stuttgart GmbH & Co. KG
Oswald-Hesse-Straße 50, 70469 Stuttgart

Printed in Germany

Satz und Repro: Fotosatz Buck, Kumhausen
gesetzt in: Adobe InDesign CS5
Druck: AZ Druck und Datentechnik GmbH, Kempten

Gedruckt auf chlorfrei gebleichtem Papier

ISBN 978-3-8304-6781-6   1 2 3 4 5 6

Auch erhältlich als E-Book:
eISBN (PDF)   978-3-8304-6782-3
eISBN (ePub) 978-3-8304-6783-0

Wichtiger Hinweis: Wie jede Wissenschaft ist die Medizin ständigen Entwicklungen unterworfen. Forschung und klinische Erfahrung erweitern unsere Erkenntnisse, insbesondere was Behandlung und medikamentöse Therapie anbelangt. Soweit in diesem Werk eine Dosierung oder eine Applikation erwähnt wird oder Ratschläge und Empfehlungen gegeben werden, darf der Leser zwar darauf vertrauen, dass Autoren, Herausgeber und Verlag große Sorgfalt darauf verwandt haben, dass diese Angaben dem Wissensstand bei Fertigstellung des Werkes entsprechen, jedoch kann eine Garantie nicht übernommen werden. Eine Haftung des Autors, des Verlags oder seiner Beauftragten für Personen-, Sach- oder Vermögensschäden ist ausgeschlossen.

Geschützte Warennamen (Warenzeichen) werden nicht besonders kenntlich gemacht. Aus dem Fehlen eines solchen Hinweises kann also nicht geschlossen werden, dass es sich um einen freien Warennamen handelt.

Das Werk, einschließlich aller seiner Teile, ist urheberrechtlich geschützt. Jede Verwertung außerhalb der engen Grenzen des Urheberrechtsgesetzes ist ohne Zustimmung des Verlags unzulässig und strafbar. Das gilt insbesondere für Vervielfältigungen, Übersetzungen, Mikroverfilmungen und die Einspeicherung und Verarbeitung in elektronischen Systemen.

Stress, Selbstzweifel, Depression?

▸ **SELBSTBESTIMMT UND GLÜCKLICH LEBEN**

Die Praxis der Achtsamkeit unterstützt Sie, sich aus der Spirale von Stress, Selbstzweifeln und Ängsten zu befreien.

Ulrike Anderssen-Reuster
Achtsamkeit
Buch mit Audio-CD
€ 19,99 [D] / € 20,60 [A] / CHF 28,–
ISBN 978-3-8304-4460-5

Titel auch als E-Book

Bequem bestellen über
www.trias-verlag.de
versandkostenfrei
innerhalb Deutschlands

Wissen, was gut tut.